텀블러로
지구를
구한다는
농담

헛소리에 휘둘리지 않고 우아하게 지구를 지키는 법

텀블러로
지구를
구한다는
농담

Der grüne Hedonist

알렉산더 폰 쉰부르크 지음 ㅣ 이상희 옮김

č
추수밭

한 그루의 나무가 모여 푸른 숲을 이루듯이
청림의 책들은 삶을 풍요롭게 합니다.

나는 초록빛 나무와 빨간 장미를 본다네
당신과 나를 위해 활짝 핀 것을 본다네
그리고 '이 얼마나 멋진 세상인가'라고 혼자 생각하지
나는 파란 하늘과 새하얀 구름을 본다네
밝고 축복받은 날, 어두운 성스러운 밤
그리고 '이 얼마나 멋진 세상인가'라고 혼자 생각하지
하늘에 뜬 너무나 예쁜 무지개 색깔이
지나가는 사람들의 얼굴에도 나타나 있다네
'어떻게 지내?' 하고 악수하는 친구들을 본다네
그들은 진심으로 '당신을 사랑해'라고 말하지
아기들의 울음소리가 들리고 그들이 자라는 걸 지켜보지
아이들은 내가 알게 될 것보다 훨씬 더 많은 것을 배우게 되겠지
나는 혼자 생각하지 '이 얼마나 멋진 세상인가'
그래 나는 혼자 생각하지 '이 얼마나 멋진 세상인가'

_루이 암스트롱, 〈What A Wonderful World〉

에메랄드처럼 맑고 아름다운
'녹색 쾌락주의자'의 행복에 관하여

내가 이 책을 쓰게 된 이유

앞서 펴낸 몇 권의 책으로 나는 나름 진지한 작가로 인정받으려는 시도를 해 봤다. 하지만 이제는 내게 주어진 애초의 소명을 되돌아볼 시간이 된 것 같다. 원하든 원치 않든 '아르비테르 엘레간티아룸arbiter elegantiarum(직역하면 '우아함의 심판관' – 옮긴이)', 즉 좋은 취향 판별사로서의 소명이다. 예전에도 불현듯 그런 깨달음이 찾아온 적이 있다. 상사였던 플로리안 일리에스의 말이 발단이었다. 당시 나는 《프랑크푸르터 알게마이네 차이퉁FAZ》의 베를린 소식란 책임자였던 그의 밑에서 편집부 기자로 근무 중이었다. 내가 쓴 여러 편의 비중 있는 기사 덕분에 동료들로부터 인정받던 때로, 어느 날 그가 잠깐 할 얘기가 있다며 불러냈다. 고민이 있다고 했는데, 스스로 박식하고 현명하다고 생각하던 나는 그의 부탁을 당연하게 여겼다. 나는 그의 고민이 철학적으로 까다롭고 예민한 문제임에 틀림없다고 확신했다. 그런데 플로리안이 내게 던진 질문은 이거였다.

"알렉산더, 푸른 셔츠에 빨간 양말을 신어도 괜찮겠나?"

이 책을 쓰게 된 이유는 또 있다. 기후 위기로 불안감이 커지는 이 시기에 역사나 도덕론 같은 분야에서 일개 아마추어로 떠들고 있을 수만은 없었다. 그보다는 어떻게 하면 삶을 긍정하고 즐겁게 살면서도 친환경적인 생활을 추구할 수 있는가 하는 삶의 방식의 문제를 다루지 않을 수 없었다. 나아가 이렇게 말하고 싶다. 생태학적 책임 의식을 갖는 삶은 그것이 금지와 고행을 요구하기보다는 좀 더 즐거운 삶을 약속할 때만 실현될 수 있다.

기후 재앙을 경고하는 이들에게는 대중의 의식을 일깨워준 공로에 감사 인사를 보내야 마땅하다. 하지만 이제는 이들이 외치는 종말론적 시나리오 대신 새로운 환경운동가들이 말하는 '유토피아적 실용주의'를, 그보다 더 혁신적인 이들 사이에서는 '쾌락적 지속가능성Hedonistic Sustainability'이라 불리는 것을 내세울 때가 왔다. 책임 의식을 갖고 자연과 생명체를 대하고, 소비와 오락산업에서 떠드는 장단에 맞추지 않는 삶을 사는 것도 얼마든지 즐겁고 재미있을 수 있다.

그저 지금보다 조금 더 비싼 녹색 생활

환경 재앙을 부인하는 건 바보나 하는 짓이다. 우리 인간은 자연을 수탈하고 있다. 이를 부인하는 것은 어리석은 일이다. 산업혁명 이후 자연에 대한 인간의 영향력이 급속히 커진 것에도 모두 동의할 것이다. 대중 소비 시대가 열린 20세기 중반부터 그 영향력은 한층 파괴적인 모습을 띠기 시작했다. 부의 케이크에서 제 몫을 챙기려는 나라들이 새로이 등장한 것도 한 요인으로 작용했다. 그 결과 탄소 배출량이 급증했는데, 하키 스틱 모양으로 치솟은 곡선 그래프를 누구나 본 적이 있을 것이다. 분명한 건 우리들이 지구에 피해를 주고 있다는 사실이다. 이런 일에 개의치 않는 사람들도 있겠지만 어쨌든 사실이다. 나는 그런 현실을 심각하게 느끼고 있다. 지난 4억 5,000년 사이에 생명체들이 급속히 멸종한 시기가 딱 다섯 차례 있었다고 한다. 수많은 동식물이 사라진 그 마지막 시기가 오기 직전에는 소유성이 지구와 충돌한 사건이 있었다.

여기에 인구 증가 현상도 더해진다. 프란츠 베켄바워Franz Beckenbauer는 (다른 맥락에서) 하느님이 당신의 아들딸인 인간들 하나하나를 보며 기뻐하신다고 말한 바 있다. 백번 옳은 말이다. 하지만 축구 황제 프란츠의 생전에만 지구상의 인구는 3배나 늘었다. 현재 지구에 사는 사람 중 절반 이상이 도시에 살고 있으며, 몇 년 뒤에는 세계 인구의 3분의 2가 도시인이 되어 도시인처럼 소비할 것이다. 에어컨, 난방, 자동차, 비행기 여행, 쇼핑 등으로 상징되는 현상이 지속된다면 멀리서 볼 때 불쾌한 상황이 펼쳐지리라는 점은 불을 보듯 뻔하다.

"강을 더럽혀라! 원시림을 불태워라! 대기층을 파괴하라! ─지각 있는 사람이라면 이런 요구를 할 리가 없다."

최근《노이에 취리허 차이퉁NZZ》에서 이런 논평을 읽은 적이 있다. 그 기자의 이름은 주제에 걸맞게 크리스토프 G. 슈무츠 **Christoph G. Schmutz**('슈무츠'는 독일어로 '오물'을 뜻한다─옮긴이)였다. 그는 "지구는 인류 전체가 걸터앉은 큰 나뭇가지인 셈이다. 건강하고 튼튼한 푸른 가지에 앉고 싶어 하지 않는 사람은 없다. 그 가지를 톱으로 잘라버리는 것은 어리석다"고 말한다. 문제는 어떻게 나뭇가지를 푸르고 튼튼하게 유지하는가이다. 이를 두고 의견이 분분하다.

기후 활동가들은 자제하자고 외친다. 소비를 조금 줄이거나 '바이오' 표시가 붙은 제품을 구매하자는 뜻이다. 결국 지금과 똑같이 살자는 소리가 아닌가? 우리는 전기차에 보조금을 지급하고 전국 곳곳에 전기차 충전소를 설치하는 것으로 할 일을 다 했다고 생각한다. 전혀 다른 형태의 '모빌리티'에 투자해야 하는 것은 아닌지, 필요한 자원은 어떤 식으로 채굴해야 하는지 (또 충분한 양의 자원이 얼마나 오래 공급되고 어디서 전기를 공급받아야 할지를) 충분히 고민하지 않은 채 말이다. 효과적인 기후정책을 세울 때 중요한 조건은 항공 여행에 더 많은 세금을 물리되 가족 여행을 막을 정도로 비싸면 안 된다는 것이다. 휘발유 가격을 올리지만 차를 세워둘 정도로 높으면 곤란하다. 우리는 지금처럼 일상을 계속 유지해 나갈 것이다. 단지 조금 더 녹색으로, 더 비싸게, 또 양심의 가책을 조금 더 느낄 뿐이다.

이로써 대답을 대신할 수 있을까?

꽤 괜찮은 녹색 도시 코펜하겐

이 책에서 나는 친환경적인 삶을 살아가는 방법을 찾아 나설 작정이다. 그런 삶이야말로 우리에게 진정한 의미의 만족감을 준다고 믿기 때문이다. 나아가 환경과 기후에 미치는 파괴적인 영향력을 줄이도록 솔선수범하는 일이야말로 실질적인 윤리적 훈련이 될 수 있다. 고대 그리스인들에게는 소프로시네Sophrosyne, 즉 절제야말로 으뜸가는 미덕이었다. 그런데 기후 위기 경고론자와 회의론자의 말 중 어느 쪽을 따를지 결정할 때 주어지는 위험부담은 결코 같지 않다. 경고론자들의 예언이 옳다면, 인류는 거대한 위험 앞에 놓여 있기에 당장 어떤 식으로든 조치가 필요하다. 반면 기후 위기를 의심하는 회의론자들이 옳다면, 모든 것은 히스테리에 불과하다. 경고의 목소리에 귀 기울일 때 우리가 짊어질 위험부담은 상대적으로 적다. 최악의 경우 과장된 주장에 속아 넘어간 것이다. 그럴 때는 무의미하고 과도

한 소비를 자제하고 환경과 자원을 소중히 여기며 미래기술 분야의 선두주자로 나설 수 있을 것이다.

나로 말하면 세계를 구하는 일에 동참하는 쪽을 선택했다. 다만 양심을 마비시키는 알리바이를 만드는 데에 시간과 에너지를 허비하는 방식만은 피하고 싶었다. 그보다는 세상을 위해, 나 자신을 위해 실질적인 차이를 만들고 싶었다. 나는 생태학적으로 올바르고, 탄소 중립적이고, 지속적이고, 환경을 의식하는 진정한 녹색 삶을 살고 싶다.

하지만 그런 삶을 위한 첫 시도에서 그 같은 일이 늘 재미있는 것만은 아님을 깨달았다. 가령 어제 말꼬리털 나무 칫솔과 함께 구입한 천연 가루치약은 실망스럽기 짝이 없었다. 도무지 거품이 나지 않고 석회 맛까지 느껴지면서 입안에는 작은 알갱이가 잔뜩 남았다. 이 양치 도구를 산 곳은 코펜하겐 한복판에 있는 '퓨어Pure'라는 곳으로, 유럽의 친환경 화장품 가게 중에서도 가장 구색을 잘 갖춘 곳이다. 이곳에서 파는 스킨케어 및 모발 관리 제품은 너무나 '퓨어'해서 어떤 건 빵에 발라먹는 상큼한 소스라고 해도 믿을 수 있을 정도다.

이 책에 필요한 영감을 얻고자 나는 덴마크로 순례 여행을 떠났다. 코펜하겐이야말로 ―좋은 의미로― 특별한 곳이라 할 수 있다. TV 시리즈 〈보은Borgen〉('보르겐'으로 번역되기도 하나 덴마크어 발음으로는 '보은'에 가깝다. 한국 넷플릭스에서는 〈여총리 비르기트〉로 소개되었다 - 옮긴이)'에 등장하는 덴마크 총리는 아침마다 자전거로 출근한다. 유럽의 그 어느 수도보다도 많은 자전거길이 깔린 덴마크에서는 자전거 이용자에게 몇 초간 통행 우선권을 주는 신호등을 켜주기도 한다. 곳곳에 바이크숍이 있고 이동 수단 3대 중 하나는 아이 두세 명을 태우고 가는 카고 바이크cargo bike(짐 자전거)다. '녹색 전환'이 현실이 될 때 유럽 전체가 어떤 모습으로 변할지 코펜하겐은 한발 앞서 보여주고 있는 셈이다. 좋은 소식은 그 모습이 과히 나쁘지 않다는 것이다.

뇌레브로 지역의 예어스보겔 거리를 살펴보자. 스칸디나비아 지역에서 가장 아름다운 공원(그리고 공동묘지) 중 한 곳이 여기에 있는데(키르케고르도 이곳에 잠들어 있다), 그 주위로 그륀더차이트Gründerzeit(1871년 이후 경제적 번영이 시작된 시기이자 이때 시작된 웅장하면서도 절충적인 건축 양식을 뜻하기도 한다 - 옮긴이) 양식의 저택들이 늘어서 있다. 과거 교차로가 있었던 곳에 지금은 즉흥적으로 조성된 미니 정원들이 들어서 있고, 도시 녹지시설이었던 곳은 영속농업Permaculture의 실천 장으로 탈바꿈했다. 이른바 도시경작 프로젝트Urban Gardening Projekten를 통해 주민들은 도시 한복판에서 각자의 채소를 가꾼다. 이처럼 자연 냄새 가득한 도시 정원을 지나면 비로소 예어스보겔 거리로 접어든다.

이 거리는 5분이면 지나갈 정도로 짧지만 시간 가는 줄 모르고 몇 시간이고 머물 수도 있다. 거리 전체에 엄마표 케이크 향기가 진동한다. 작은 가게들은 저마다 재미있는 상호를 달고 있다. 어떤 곳의 창문에는 'STOP FUCKING BUYING(빌어먹을 그만 사세요)!'이라는 문구가 적혀 있고, 한 장난감 가게는 중고제품만 판매한다. 일본풍의 실내 가운을 파는 팝업 스토어 앞에서는 요가에 열중한 여성들이 서 있고, 똑같은 스타일로 수염을 기르고 풍자적 문구가 박힌 티셔츠를 입은 남자들은 여유로운 표정이다. 와이파이는 물론 어디서나 공짜이고, '바나나'라는 상호의 아이스크림 가게와 'Less worry! More life(걱정은 줄이고 더 많은 삶을)!'이라는 구호도 눈에 띈다. 정말이지 훌륭한 인생 좌우명이다. 이 거리 최고의 식당인 '만프레즈'에서는 50킬로미터 떨어진 곳에서 직접 운영하는 작은 농장의 채소만 사용한다. 고기 요리도 메뉴에 있는데, 원한다면 동물의 이력에 대한 설명을 듣고 계보도를 받을 수도 있다. 다음 길목에서는 '커피 콜렉티브'가 기다리고 있다. 여기선 세계에서 가장 맛있는 베지테리언 에그 베네딕트가 우리를 유혹한다('햄'을 어떻게 만드는지 모르지만 고기보다 맛있다). 슈퍼푸드 애호가를 위해서는 허브, 수제 발효한 사우어크라우트, 불린 아몬드, 락토 발효 회향풀, 구운 꽃양배추, 강황, 석류, 구기자, 고수 등을 곁들인 신선한 양배추샐러드 메뉴를 발견했다.

뇌레브로 지역이 얼마나 친환경적인지 (독일에서 생태도시로 유명한) 프라이부르크도 그에 비하면 체르노빌처럼 비칠 정도다.

코펜하겐 항구는 수영도 가능할 정도로 물이 맑고, 자치적으로 운영되는 히피 커뮤니티인 크리스티아니아Christiania조차 티끌 하나 없이 깨끗하다. 에너지 문제와 관련해서도 사정은 다르지 않아 보인다. 여러 주민이 힘을 합쳐 코펜하겐 권역에 공급될 청정 재생 에너지에 투자했고, 투자자들은 벌써 8퍼센트에 가까운 수익을 올렸다. 코펜하겐시는 2025년까지 에너지 공급을 완전히 자급자족할 계획이다. 유명 가이드북 론리플래닛은 2019년에 코펜하겐을 유럽 도시 중 최고의 여행지로 선정했다. 선정 이유에 포함된 '코펜힐Copenhill(코펜하겐의 언덕)' 같은 관광명소는 전 세계적으로 유례를 찾기 힘든 쓰레기 소각 시설인데 너무나 깨끗한 나머지 코펜하겐 시민들의 나들이 장소로도 인기가 높다. 플라스틱 바닥이 깔린 지붕은 스키 슬로프로 사용되도록 디자인되었다. 코펜힐을 설계한 비야케 잉겔스Bjarke Ingels의 철학은 다음과 같다.

우리는 우리 손으로 세상을 만들어갈 수 있습니다. 내 아이는 폐기물처리장 위에서 맑은 공기를 마시며 스키를 탈 수 있는 세상에서 자랄 겁니다.

또 이런 말도 했다.

인간은 에너지를 소비해야 합니다. 그것이 무생물과의 차이점입니다. 그런 점에서 에너지 소비는 바람직한 일입니다. 삶이 좋다고 여긴다면 말입니다. 우리는 에너지를 소비하고자 합니다. 다만 낭비를 원치 않을 뿐입니다.

잉겔스는 시 주변의 외어스타드 지역에 자급자족하는 혁신적인 주거단지를 설계했다. '8 하우스(덴마크어로는 '8 Tallet'−옮긴이)로 불리는 그 주거단지에는 8자 모양을 한 6만 2,000평방미터 규모의 476세대 아파트가 들어서 있다. 푸른 지붕은 위아래로 오르내리는 형태로, 그 사이사이에 녹지시설이 들어서 있다. 주민들은 건물을 조깅 트랙으로 이용할 수 있고 모든 시설이 효율적 에너지 사용에 최적화되어 있다. 대중교통 연결도 훌륭해(시내까지 12분 거리) 자가용이 필요 없다. 잉겔스의 프로젝트 중 가장 혁신적인 것은 2050년에 완공될 '오셔닉스 시티Oceanix City'다. 수만 명이 수상생활을 하는 탄소 중립적 주거 공간이 탄생할 예정이다. 많은 도시가 물에 잠길 위험에 처한 현실에서 잉겔스는 기후변화를 풍자하고 있는 셈이다. 오셔닉스 시티는 배출가스나 폐기물을 내보내지 않는 자족적인 에코시스템으로 계획되었다.
코펜하겐에서 부동의 슈퍼스타로 떠오른 비야케 잉겔스는 세계적으로 각광받는 친환경 건축가로 꼽힌다. 코펜하겐이야말로 어떻게 하면 우리 삶을 녹색으로 바꾸면서 좀 더 쾌적하고 현대식으로 꾸밀 수 있는지를 고민하는 이들에게 이상적인 장소다.

과학의 이름을 건 헛소리를 넘어

이 자리를 빌려 한 가지 분명히 해 둘 것이 있다. 여러분과 마찬가지로 나 역시 여기서 다루어지는 주제들의 과학적 측면에 대해서는 크게 아는 게 없다. 집 배수관이 어떻게 작동하는지 설명하라고 하면 할 말이 없을 정도니 말이다. 그런데 나의 이런 무지는 과학적 확실성에 대한 모종의 회의와 짝을 이루는 것이기도 하다. 이는 지극히 건전한 태도로, 과학의 본질은 연구 결과가 언제든 재반박될 수 있는 잠정적 성격을 띤다는 점에 있기 때문이다. 인종차별주의 역시 이른바 과학적 인식에 기초해 정당성을 얻던 시절이 있었다. 하지만 그러한 근거가 잘못되었음을 과학자들은 오래전에 밝혀냈다. 1962년, 레이첼 카슨이 《침묵의 봄》을 내놓으면서 살충제의 위험성을 경고했을 때 저명한 과학자들은 그녀를 비웃었다. 다시 말해 유행과 집단압력 같은 현상이 과학의 세계에서도 부지기수로 일어난다. 명쾌한 설명들 말고도 과학의 이름을 건 수많은 헛소리가 세상을 떠돌고 있어서 우리 같은 문외한들은 일일이 그 사실을 입증해내기가 불가능할 정도다.

혹자는 지구온난화에 끼치는 이산화탄소의 역할이 과대평가 되었다고 말한다. 우리가 취하는 탄소 배출 억제책들이 엄청난 비용을 초래할 뿐이고 효과는 미미하다고 말하는 사람도 있다. 또 누구는 모든 게 너무 늦었다고 말한다. 30년 전에 우리의 경제생활 방식을 송두리째 바꿨어야 했는데 그러지 못한 탓에 이미 너무나 많은 이산화탄소를 대기로 배출했다는 것이다. 그 결과 지금 극단적 조치를 취하더라도 그 영향을 조금 늦추거나 완화할 뿐이라는 주장이다.

또 다른 설득력 있는 주장에 따르면 탄소 배출 감소는 의미 있는 일이지만 때에 따라 우리를 무력하게 만들기도 한다. 그 가증스러운 이산화탄소에 관심을 집중하는 바람에 제3세계 사람들에게 깨끗한 물을 공급하거나 선진국 지원에 의존하는 지역에 기후변화의 영향에 맞서는 예방조치(가령 이주 및 댐 건설)를 취하는 일같이 또 다른 시급한 문제들을 방치하고 있다.

그런가 하면 미래를 낙관하는 부류도 있는데, 이들은 이산화탄소 배출량을 줄이는 과감한 대책은 필요하지만 독일의 선택이 잘못되었다고 주장한다. 진정한 혁신 기술 대신 탄소 배출을 줄여주긴 하지만 결국에는 낡은 기술에 성급하게 투자하기 때문이라는 것이다. 그러면서 파국을 예상하는 시나리오에 매달려 생태 경제학적 전환에 담긴 거대한 혁신의 기회를 놓치고 있다고 탄식한다. 다른 나라는 독일과 빠르게 격차를 벌려 나가는 중이다. 걸프 지역 국가들은 최고 시속 1,200킬로미터로 달리는 열차를 구상 중이며, 가장 많이 팔리는 자동차 브랜드 10개 중 독일

회사는 하나뿐인 데다 중국의 비야디BYD처럼 우리에게 낯선 업체들이 폭스바겐vw보다 6배나 더 많은 전기차를 팔았다. 환경낙관론자들의 주장에 따르면, 현재 독일이 보유한 노하우로 대안기술 분야에서 세계시장을 주도할 수 있는데도 미래에 대비하는 대신 엉뚱하게도 '탈성장'이라는 비전, 즉 2차 세계대전 이후 독일 산업의 해체를 목표로 한 모겐소 플랜Morgenthau Plan과 유사한 탈산업화의 환상에 빠져 길을 헤매고 있다는 것이다.

앞서 소개한 견해 중 어떤 것이 옳은지는 내가 정할 문제가 아니다. 나는 나의 삶, 나의 소비 습관에 대해 판단할 수 있을 뿐이다. 그러니 세상을 변화시키고자 한다면 먼저 나를 둘러싼 작은 세상에서부터 시작하는 편이 나을 것이다. 논란이 많은 캐나다 심리학자 조던 B. 피터슨을 인용하면 짜증 섞인 반응부터 보이는 이들이 많다는 것을 잘 안다. 하지만 "세상을 구하고자 한다면 먼저 당신의 방부터 치워라!" 같은 그의 말에는 어느 정도 진실이 담겨 있다. 게다가 훨씬 더 호소력이 큰 달라이 라마도 "뭔가를 바꾸기에 스스로가 너무 미미한 존재라고 생각하는가. 그렇다면 모기 한 마리가 돌아다닐 때 잠을 청하도록 해보라"라고 똑같은 메시지를 전하고 있다.

세상을 조금씩 올바른 또는 잘못된 방향으로 움직일 능력이 우리 각자에게 있다는 것은 솔제니친의 유명한 노벨상 수상 연설의 핵심 메시지이기도 하다. 우리는 누구나 주변에 영향을 끼치는데, 저마다 —적어도 내 생각은 그렇고, 여러분도 그랬으면 한다—
누군가에게 본보기가 되기 때문이다.

'자연보호'라는 문화적 개념

그런데 녹색 삶을 사는 문제를 다루기에 앞서 우선 원론적
인 질문에 답할 필요가 있다. 인간으로서 나의 위치, 자연 앞에서
인류의 위치를 나는 어떻게 보고 있는가? 도대체 자연이란 무엇
인가?

독일인들은 전통적으로 자연과 내밀한 관계를 유지해 왔다.
그중에서도 나무와의 관계는 각별하다. 우리가 (어느 정도) 기독
교화되기 전만 해도 게르마니아 땅에서는 거대한 나무가 신성
한 존재로 숭배되었다. 조상들에게는 '위그드라실', 즉 우주수(우
주를 떠받치고 있다는 거대한 물푸레나무 – 옮긴이)가 세상의 중심이었
다. '라타토스크'라는 이름의 다람쥐 한 마리가 위아래를 오르락
내리락하며 메시지 전달자 역할을 했다. 물론 크리스마스트리도
빠질 수 없다. 크리스마스 때가 되면 우리 모두 나무 앞에 경건한
자세로 서 있는 모습이 놀랍지 않은가? 각종 동화와 신화도 떠올
려보자. 비록 야생의 존재가 사는 곳이지만 거기서도 숲은 문명
의 도피처로, 동경의 장소로 찬양받는다.

나의 아버지는 사냥꾼, 말하자면 숲 사람이었다. 나는 숲에
서 유년 시절을 보내다시피 했다. 아버지는 짐승에게 총을 겨누

는 일이 거의 없었다. 동물애호가들을 안심시키려고 하는 말이 아니다. 아버지는 사냥이 무엇인지 이해하는 분이셨다. 치과의 사나 변호사들이 취미로 사냥을 즐길 수 있게 야생동물 개체 수를 인위적으로 많이 유지하는 거라고 말씀하시곤 했다. 진정한 사냥꾼들에게는 야생동물이 드문드문 사는 숲이야말로 이상적인데, '사냥하러 간다'는 것은 실은 오랜 시간 가만히 앉아 지켜본다는 뜻이다. 나는 아버지랑 몇 시간이고 사냥 감시탑에 올라 숨죽이고 앉아 있곤 했다. 그때는 그런 일이 귀찮기만 했다. 하지만 지금은 숲이 주는 매력을 이해하게 되었다. 아버지와 함께하는 하루는 늘 일찍 시작했다. 희부연 새벽에 감시탑에 앉아 숲이 깨어나는 모습을 지켜보는 것 —특히 숲이 잠을 깰 때의 소리에 귀 기울이기— 은 실로 둘도 없는 경험이다. 젖은 나무와 싱싱한 송진의 향, 새들의 노랫소리, 덤불 속 짐승들이 바스락바스락 서걱거리는 소리. 풀과 나무가 살아 있는 생명체임을 나는 어릴 때부터 똑똑히 깨달았다. 톨킨과 로알드 달의 책을 읽기 훨씬 전부터 그랬다. 풀을 벨 때 풀이 내지르는 비명 소리를 들을 수 있는 기계를 발명한 남자가 결국엔 미쳐버린 이야기를 기억하는가?《반지의 제왕》에서 나무수염이 쓰러진 나무 동료들을 보며 탄식하는 장면이 생각나는가? "아! 이 나무 중엔 내 친구도 많았어. 호두와 도토리 열매까지도 속속들이 알고 있는 피조물들이었지."

그런 내가 숲 해설가인 페터 볼레벤의 책들을 탐독한 건 당연한 일이었다. 나무들이 대화를 주고받는다는, 어린 시절부터 깊이 박힌 예감을 그의 책에서 확인할 수 있었기 때문이다. 숲을 소유한 우리 친척들은 선입견에 빠져 볼레벤을 '괴짜 친환경주의자'라고 무시하곤 했다. 하지만 너도밤나무가 뿌리를 통해 이웃 나무와 연락하고 곤충의 습격을 경고할 뿐 아니라 필요할 땐 원기 회복을 위해 서로 설탕물을 주거니 받거니 하는 모습을 묘사한 대목들은 내게 꽤 그럴듯하게 느껴졌다.

편협한 친척들을 통해 나는 즉석 수프가 직접 끓인 수프나 완자와 딴판인 요리인 것처럼 독일 숲이 자연과 무관함을 알게 되었다. 독일 숲의 80퍼센트는 경제적 목적으로 이용되는 삼림이다. 다시 말해 숲이라기보다는 대규모 농장에 가깝다. 스칸디나비아 지역과 폴란드의 극소수 예를 제외하고는 유럽 전역에서 자연 그대로의 숲은 찾아보기 힘들어졌다. 우리 숲이 '자연적'이라면 가뭄이나 허리케인 피해를 당할 일도 없을 것이다. 나무좀 같은 해충이 생겨도 천적인 딱따구리가 금세 찾아올 것이다. 그런데 이 같은 숲은 대개 활엽수들이 들어선 이른바 혼합림 형태를 띠기에 효율적인 경영이 어렵다. 독일에서 숲은 곧 산림경영이나 단일재배, 볼레벤의 말을 빌리면 "나무의 대량 재배"를 뜻한다. 숲이야말로 우리가 어떻게 특정 단어를 낭만적 이상과 결부시키는지, 하지만 배후의 현실에는 무지몽매한지를 잘 보여주는 사례다. '자연' 개념과 관련해서도 사정은 비슷하다.

자연과 문화를 구분하려는 시도는 처음부터 어려움에 부딪힌다. '자연'을 말하는 순간 자연으로부터 한발 물러섬으로써 거기에 속하지 않음을 암묵적으로 인정하기 때문이다. 자연을 찬양할수록 그로부터 거리를 두면서 자연을 문화로 바꾸어 놓는다. 좋은 예가 자연보호다. 자연을 보호하려면 울타리를 둘러야 하고 이는 곧 인위적 대상을 만든다는 뜻이다. 다시 말해 자연의 특정 상태를 근원적이고 보존 가치가 있는 것으로 규정한 뒤 그 자연을 감시하는데, 이것이 곧 간섭이고 '문화'인 셈이다. 고비사막 일부를 빼고는 대부분의 자연 지역이 엄밀히 말해 '문화경관'으로 탈바꿈했다. 그러기에 가차 없이 다듬은 생울타리, 꼿꼿하게 뻗은 길, 기하학적 형태의 유희가 돋보이는 프랑스식 정원이 자연스러움을 가장한 영국식 정원보다 한결 솔직해 보인다. 프랑스식 정원은 자연을 소유하려는 인간의 의도가 숨김없이 드러나기 때문이다.

하지만 별 수 있으랴. 잔인하기 짝이 없는 것이 자연이다. 영국의 찰스 3세가 '어머니 자연'에 열광하며 감동에 젖어 눈망울을 굴린다면 그건 그것대로 좋은 일이지만, 결국 감상적인 반응일 뿐이다. 자연은 어머니가 아니다. 암 역시 자연이고, 가장 유독한 물질도 자연물질이다. 자연은 혼자 힘으로 살아남고자 경쟁자를 죽이고 배척하는, 도덕과는 무관한 영역이다. 우리의 친구인 숲조차 냉혹하기는 마찬가지다. 빛과 생활 터전을 차지하기 위해 벌이는 무자비한 싸움이 일상다반사다. 엉켜 있는 이웃 나무들에게 가는 햇빛을 가리고 치명타를 입힌다. 자연은 작고 힘없고 여린 것들은 죄다 쓰러뜨려 버린다. 어린 노루들은 숲에 오면 가장 싱싱한 나뭇잎부터 갉아먹는데, 새로 자라는 어린나무들이 첫 희생양이 된다.

자연은 냉혹하다. 흔히 자연과 '조화를 이루며' 산다고 부러움을 사는 이들이 정작 누구보다 그런 면을 잘 알고 있다. 내가 좋아하는 위대한 작가 조제프 드 메스트르Joseph de Maistre(19세기 초 프랑스의 사상가−옮긴이)는 자연이 어떤지 알고 싶다면 우리가 바라는 모습이 아니라 실제로 자연이 어떤 모습인지 살펴보라고, 이른바 자연인을 보라고 말한다.

자연인은 먹고살려고 죽이고, 몸에 걸칠 것을 구하려고 죽인다.

하프에서 마법 같은 소리가 나게 하려고 양의 배 속에서 창자를 끄집어내고, 아이들 장난감을 만들려고 코끼리의 상아를 잘라낸다. 자연인의 식탁은 온통 시체투성이다.

우리가 오랫동안 미화하기 좋아하던 칼라하리 사막의 부시맨들이 들판에 불을 지르고, 사냥하거나 가축 떼를 방목할 터전을 마련하고자 지역 전체를 불사르는 등 예로부터 무자비한 짓을 서슴지 않았다는 사실은 유명하다. 산업혁명과 함께 비로소

동식물 서식지가 파괴되기 시작했다는 것도 착각이다. 자연 친화적이었다는 우리 조상들은 명백한 환경파괴자였다. 태곳적부터 인류의 발길이 닿는 곳마다 급속도로 종의 멸종이 이루어졌다. 그리고 일찍이 수메르와 바빌로니아인들도 단일작물 재배의 폐해를 잘 알고 있었다.

인류가 언제부터 광기 어린 파괴를 일삼기 시작했는지는 불분명하다. 안타깝지만 아주 오래전, 대략 1만 2,000년 전부터로 추정되는데, 인류가 수렵채집꾼으로서의 삶을 청산하기로 결심하고 정착하게 된 시점이다. 이 같은 농업혁명은 인류사의 위대하고도 불가역적인 전환점으로서 인류의 생활을 완전히 새롭게 규정했다. 이때부터 인류는 자연과 더불어 살지 않고 자연에 맞서 생활하게 되었다. 말하자면 자연을 수탈하고 길들이고 지배하기 시작했다.

지구에서 성공적으로 살려면

'자연으로 돌아가라'는 구호는 그럴싸하게 들린다. '자연 성분'이 포함된 샴푸도 마찬가지다. 그런데 우리는 정말 '자연으로 돌아가기'를 원할까? 설령 그렇다고 한들 자연으로 가는 길이 정말 있기는 한 걸까?

유진 오덤Eugene Odum 같은 저명한 학자를 비롯해 많은 생태학자는 여전히 탈산업화 및 탈성장, 다시 말해 북반구식 세계경

제 체제 해체를 유일한 해법으로 내세우고 있다. 성장비판론은 경제학 세미나에서 주류 이론은 아니지만 여전히 중시되는 이론이다. 그럼에도 우리 경제 및 생활 방식을 산업화 이전 수준으로 되돌려놓는 것은 비현실적이라는 점에는 변함이 없다. 과거로 되돌아가는 길을 발견해 급브레이크를 밟고 유턴한 문화가 있었다고 전해진다. 물론 전설 속 이야기인데, 인디언 호호캄 문명에 관한 전설도 그중 하나다.

호호캄족은 콜럼버스가 도착하기 훨씬 전부터 체계적으로 농사를 짓고 수로도 만들었지만 어느 순간 자신들이 그간 이루어놓은 성과들의 노예로 전락했음을 깨닫고 편리한 보조 수단들을 모두 팽개치고 다시 선조들처럼 살기로 했다고 전해진다. 물론 전설과 달리 현실에서는 이 같은 '뿌리로 돌아가라' 식의 작전은 대부분 불행한 결말을 낳는다. '폴 포트' 또는 '브라더 넘버 원'이라는 이름으로 더 잘 알려진 파리 유학파 캄보디아 지식인 살로트 소르Saloth Sar의 사례만 봐도 그렇다. 고국에서 권좌에 오른 폴 포트는 책상에 앉아 일하던 도시인들을 모조리 들판으로 보내 쌀 수확에 동원했고, 이후 강제노역형에 처한 뒤 종국에는 전 국민의 4분의 1을 '킬링필드'에서 살해했다.

'자연으로 돌아가라'가 어렵다면 적어도 자연과 조화를 이루는 삶은 가능하지 않을까? 하이데거는 그렇지 않다고 단언한다. 큰 반향을 불러일으킨 그의 주장에 따르면 자연 수탈의 책임은 결국 "땅을 너희들 발아래 복종시켜라"라는 성경 구절을 문자 그대로 받아들인 유럽의 기독교에 있다. 그런데 (교회 후원으로 교육을 받았지만) 교회와는 뒤틀린 관계였던 하이데거는 (위와 같은) 창세기의 주문을 좀 더 고차원적이고 세심하게 해석할 가능성을 보려고 하지 않았다. 성경에서부터 월트디즈니에 이르기까지 원형적 이야기에서 중요한 문제는 자연을 이용하는 동시에 자연을 돌보는 것이기 때문이다. 〈라이온 킹〉의 한 구절을 인용하면 이렇다.

　　당신 눈에 보이는 모든 것은 절묘한 균형 속에 존재한다.
　　왕인 당신은 그 균형을 이해하고 기어다니는 개미부터 뛰노는 영양까지 온갖 생명체를 존중해야만 한다.

　　물론 여기서 노래한 생명체에 대한 경외감은 생명 그 자체를 아끼는 사람만이 가질 수 있을 것이다. 이 지점에서 오늘날의 환경운동은 어려움을 느낀다. '심층 생태주의Deep Ecology'의 관점에서 볼 때 ―파울 에를리히, 데이비드 스즈키, 라젠드라 파차우리, 앨 고어 같은 영향력 있는 인물들이 속한 정통 생태 근본주의자들이 보기에― 인간은, 유명한 행성 유머에서 꼬집듯이, (유해 동물까지는 아니더라도) 훼방꾼이다. 유머 속의 두 행성은 이런 말을 주고받는다.

"기분이 안 좋아 보이는데, 무슨 일 있어?"

"인간들 때문에 골치야."

"너무 걱정하지 마. 곧 없어질 거야!"

위대한 정치 이념들은 예외 없이 인간 중심적이다. 다시 말해 인간의 행복을 중심에 놓는다. 녹색 사고는 인간 중심적이지 않은 전제에서 출발한 유일한 정치 이데올로기다. 영광스러운 전통을 자랑하는 녹색 사고는 동물학자 콘라트 로렌츠(마지막 인터뷰에서 이렇게 말했다. "인류는 인구 과잉에 대해 어떤 합당한 대책도 세우지 않았다. 그런 만큼 에이즈에 대해 어느 정도 호감을 느낄 수도 있을 것이다")에서 시작해 로마 클럽 창시자 중 한 명인 알렉산더 킹(말라리아 퇴치에 관해 "내가 느끼는 문제는 그것이 인구 과잉 현상을 강화한다는 점이다"라고 말했다), 더 나아가 영국의 해리 왕자(기후 보호를 위해 아이를 둘 이상 갖지 않겠다고 맹세했다)에 이르는 다양한 인물에게서 나타난다. 매정하게 들리겠지만 이들은 모두 전통적인 심층 생태주의 학파의 입장을 고스란히 대변하고 있다. 현대 생태주의도 인간에 적대적인 이런 사상에 기반하고 있다.

해리 왕자에게 박수를 보내는 사람들은 세계관적으로 심층 생태주의라는 존경할 만한 전통 위에 있지만, 명심할 점이 있다. 소위 해충들로부터 지구를 해방시키기 위해 무차별적으로 사람들을 죽였던, 콜럼바인 고교 총기 난사 사건의 범인 중 한 명도 비슷한 주장을 했다는 사실이다. 그의 일기장에는 "인간 종족은 옹호받을 가치가 없다. 오직 죽임을 당할 가치밖에 없다. 지구를 동물들에게 돌려주어라. 그들은 그럴 만한 자격이 있다. 우리는 아니다"라고 적혀 있었다. 이게 썩 교양 있는 세계관이 아니라는 점에는 그 누구도 이견이 없을 것이다.

우리에게 나쁜 것과 덜 나쁜 것 사이의 선택권만 있다는 것은 있을 수 없는 일이다. 철학적, 그리고 논리적 이유에서도 불가능하다. 나쁜 것이 있다면 좋은 것도 있는 법이다. 좋은 것이 있다면 좋은 것을 행할 수도 있다. 인간은 유해 동물이 아니다.

"나는 당신들이 두려움을 가졌으면 해요!" 그레타 툰베리가 한 말이다. 이게 정말로 좋은 생각일까?

흔히 두려움은 사람에게서 최악의 것을 끄집어내지 않는가? 행성들의 유머에서 엿보이는 문명화된 인류의 자기혐오와 기후 위기 세대가 외치는 공포 메시지 사이에는 어떤 연관이 있지 않을까?

두려움이란 관계가 손상된 이들이 보이는 전형적 반응이다. 현대사회는 우리 모두가 자유롭고 독립적이고 자율적일 때 비로소 행복해진다는 생각을 주입했다. 일체의 족쇄에서 풀려난 현대인은 훨씬 자유롭다고 느끼지만 그 대가는 불안감이다. 여기에 포스트모더니즘이 초래한 가치의 해체 현상이 더해진다. 이전에 중요했던 것들을 내팽개치면서 해방감과 불안감이 동시에 생겼고, 그 결과가 두려움과 자기혐오다. 기후보호 운동가들이 유럽과 북미에 특히 분노하는 것도 그 때문이다.

두려움과 자기혐오는 지구라는 별에서 성공적으로 살아가는 데 결코 훌륭한 안내자가 될 수 없다고 말하고 싶다. 이 책은 '당신이 있어서 좋다!'는 기본 전제를 바탕으로 한다. 아울러 나 자신과 주변 세계를 위해 좋은 일을 할 수 있다는 믿음에서 출발한다. 당장 세상을 구하려고 나설 필요는 없다. 우선은 몇 가지 잘못된 점부터 고치는 것으로 충분하다. 그러면서 세상을 하나하나 좀 더 나은 곳으로 만들어가는 것이다.

두려움을 느끼라는 잔소리에서 벗어나기

낭비를 줄이고 무분별한 소비를 자제하는 삶의 방식을 찾아나선 우리에게 반가운 소식이 있다. 우리가 사는 풍요의 시대가 주는 장점인데, (과거와 달리) 위신을 높이는 것들이 물질적인 것과는 별 상관이 없게 되었다는 점이다.

덩치 큰 자동차를 몰고 다닌다고 강렬한 인상을 주던 시대는 지나갔다. 오늘날 혼자 포르쉐 카이엔 같은 차를 몰고 다니면 사회성이 떨어지고 정신과 상담이 필요한 사람으로 여겨지기 십상이다. 거대한 차를 모는 것은 금박 입힌 스테이크를 먹고, 자식에게 체벌을 가하는 등의 치기 어린 행동과 별반 차이가 없다는 게 일반적인 생각이다. 환경을 의식한 행동을 통해 주목받으려는 이들이 반드시 도덕적 이유에서 그러지만은 않을 것이다. 오히려 수수한 생활을 고집하며 무엇이 트렌드에 맞는지를 아는 '저 위의(상류층)' 무리에 속하고 싶어 하는 마음에서 그럴 수도 있다.

한마디로 살충제 범벅인 파프리카와 루콜라를 먹으면서 나중에 돌고래 배 속으로 들어갈 끈 달린 샌들을 신고, 탈것이라기보다는 부동산에 가까운 자동차를 모는 바보처럼 보이기 싫은 것이다.

오늘날 호사스러운 삶은 '로하스LOHAS', 즉 'Lifestyle of Health and Sustainability(건강과 지속가능성을 추구하는 삶의 방식)'을 따르는 것을 말한다. 사회 정책적으로 비주류 단체들의 독차지였던 생태학이란 주제가 어느덧 도시 엘리트를 구별해주는 수단이 되었다. 물론 쾌락주의의 뒷맛이 거기서 느껴지는 것도 사실이다. 마치 —바른 양심을 곁들여— 내 행복만이 최우선이라는 듯이 말이다. 하지만 잊지 말아야 할 점이 있다. 종종 욕을 얻어먹곤하는 고상한 환경주의자들과 레오나르도 디카프리오 같은 할리우드의 골칫거리들이 도요타의 프리우스를 타고 에너지 절약 램프를 사용하고 탄소상쇄기금에 기부하는 행위를 통해 클라우디아 로트Claudia Roth(독일 녹색당 정치인 – 옮긴이) 같은 정치인들이 수십 년간 행한 연설보다 친환경적 실천에 대한 새로운 이해에 훨씬 더 이바지했다는 사실이다. 나는 두려움을 느끼라는 잔소리를 끊임없이 듣기보다는 녹색 삶을 살면서도 삶을 즐길 수 있음을 실천으로 보여주는 편이 훨씬 좋아 보인다. 일론 머스크는 그 점을 이해한 몇 안 되는 사람이다. 에코 라이프스타일은 매력적이어야 하고, 이제는 포르쉐보다는 테슬라를 모는 것이 더 쿨하게 보이는 세상이 되었다.

따라서 기후 논쟁이 불러일으킨 환경문제에 대한 각성은, 때로 도를 넘기도 하지만, 그럼에도 역사적 기회가 될 수도 있다. 어쩌면 무의식적으로 행해지는, 버튼만 누르면 모든 게 제공되는 무한 리필식의 광기 어린 소비와 차별화되는 생활 방식을 실현할 적기인지도 모른다. 그래서 어쩌면 우리 양심을 달래주는 미봉책에 안주하지 않고 삶 전반에 걸쳐 진정한 사고의 전환을 이루어낼 수 있을지도 모른다.

CONTENTS

'자연의 버터' 아보카도는 인공 버터와 얼마나 다를까?

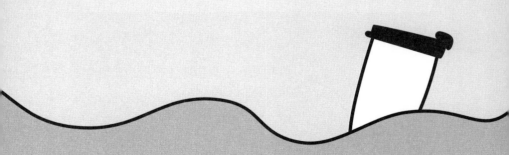

무한 리필 뷔페에서는
누구나 필요 이상으로 먹는다.
_펠릭스 프린츠 추 뢰벤슈타인Felix Prinz zu Löwenstein, 친환경 농부

♻

무한 리필 문화는 우리를 파괴한다. 전 세계가 유럽과 북미 사람들처럼 먹고 마시려면 지구가 하나 더 필요할 거라는 경고마저 들린다(그건 사실이다!). 이는 비단 인간이 먹어 치우는 식량 때문만은 아니다. 우리가 경작하는 작물의 절반 이상이 식용으로 키우는 동물의 배 속으로 들어간다.

고귀한 녹색주의자의 원조 멤버 격인 찰스 3세의 말을 빌리자면, 우리는 "발걸음을 멈추고 어디서 길을 잘못 들어섰는지 찾아 새롭게 방향을 잡아야" 한다. 가령 ―부자들조차― 성대한 축제일이나 일요일에만 고기를 먹었던 시절을 떠올려보자. 그리 오래전 일도 아니다.

모두 찰스 3세처럼 극단적일 필요는 없다. 참고로 그는 '다이내믹' 채소(자유롭게 돌아다녀도 되는 채소를 뜻할까?)만 먹고, 고기를 먹더라도 하이그로브에 있는 자기 농장에서 직접 키운 믿을 만한 고기만 먹는다. 어쩌면 그 농장에서는 닭과 암소들에게 밤낮으로 셰익스피어의 소네트를 읽어주지 않을까?

식도락가인 내가 음식에서 중시하는 것은 무엇보다 기분

이 좋아지는 효과다. 껍질이 바삭바삭한 시골풍의 거무스름하고 딱딱한 빵에 아직 차가운 버터를 바르고 살짝 소금을 친다. 이때 느끼는 만족감은 단순한 맛의 차원이나 포만감을 넘어선다.

음식을 못 먹게 하면 나는 곧 패닉 상태에 빠진다. 그래서 결국 나는 아내의 강권에 못 이겨 요양소로 향했다. 살을 빼려는 목적 말고도 음식과의 관계를 새로이 배울 참이었다.

요양소에서 배운 짜릿한 단식 생활

불안에 떠는 나를 위해 아내는 오스트리아 잘츠카머구트의 호숫가에 그림처럼 자리한 요양호텔을 예약했다. 현대적이면서도 건물 전체를 나무로 지은 호텔이었다. 참가자 대부분은 영국, 러시아, 인도 등지에서 온 부유한 집안의 여성들이었는데, 이런 요양소에서 흔히 볼 수 있듯, 호감을 갖기에는 너무나 고고한 타입이었다. 건강을 회복하는 데 뛰어난 효과를 보이는 고가의 요법들이 그 아름다운 호텔에서 진행되었는데, 중간중간 ─보행교와 수영장에서는 일반적인 금식 외에 디지털 디톡스가 규칙이었음에도─ 줄곧 이런 전화 통화를 엿들을 수 있었다. "지아니, 제발! 리슨 투 미! 비치클럽에서 술 마신 다음 아침을 먹어야지! 내가 무슨 말을 하는지 잘 알아. 아침에 호텔에서 일어나서 성 따위가 있는 산 위로 올라가고 싶어 하는 사람은 아무도 없다고! 몰토 셈플리체(간단히 말해), 블레이저 재킷과 비치웨어를 입고 거기서 핑거푸드를 먹는 거야. 그리고 이른 오후에 자기 프로그램 시간에 맞춰 가야 할 사람들은 자가용 비행 터미널로 돌아오는 거야."

거대한 수영장에 딸린 보조 수영장에서 제공되는 요법 중에는 일종의 '거듭나는' 체험도 있다. 정신병리학 훈련을 이수한 (당연히!) 빈 출신 치료사의 지도 아래 참가자들은 코마개를 하고 미지근한 물속으로 들어간다. 이때 치료사는 고래 소리를 내면서 암시적인 질문을 던진다. 인도에서라면 소형차 한 대를 살 만큼의 돈이 이런 어처구니없는 요법에 쓰인다. 하지만 이 순간이야말로 참가자들에게는 요양소 체류의 하이라이트라 할 수 있다.

단식에 관한 연구는 유래가 깊은데, 특히 지난 몇 년 사이 엄청나게 많아졌다. 이 연구들을 통해 적게 먹을수록 확실히 건강 상태가 좋아진다는 사실이 밝혀졌다. 일 년에 한두 차례 아예 단식을 하면 효과는 더 좋다고 한다. 금식함으로써 수치상으로도 뚜렷한 개선 효과가 나타나는 질환으로는 심장과 혈관, 위와 내장 관련 질병, 관절통, 류머티즘, 알레르기, 편두통, 당뇨병, 번아웃증후군, 수면장애, 우울증 등이 있다. 근대인을 위해 단식을 재발견한 인물은 프란츠 자버 마이어Franz Xaver Mayr와 오토 부힝거Otto Buchinger라는 두 명의 의사였다. 이들이 활동한 19세기 말부터 1920년대까지는 수많은 대안적 치료요법과 세계관이 등장하고 사기꾼과 천재가 다 같이 득세하던 독특한 시기였다.

오토 부힝거는 고통을 이기지 못한 나머지 자발적으로 단식에 나선 경우다. 황실 해군의 동아시아 순양함 함대에서 근무하던 젊은 의사이자 장교였던 그는 항구에 정박할 때마다 강요받던 폭식에 진절머리가 났다. 공식 축하 만찬, 무도회, 호랑이 사냥, 시암 왕이 주최한 연회 같은 곳에서 ―예의상― 과식과 과음을 일삼았다. 잦은 속쓰림에 시달리던 부힝거는 인도 콜카타에서 단식 중이던 브라만 승려를 만나면서 각성하게 되었다. 그는 수많은 자료를 읽고 연구하고 실험을 거듭한 끝에 1920년 '오토 부힝거 박사 요양소'를 열어 직접 개발한 단식요법을 전파했다. 그의 단식법은 매일 250칼로리 이하를 채소 또는 채소 수프나 주스 형태로 2주에서 3주가량 섭취하고, 가벼운 운동과 함께 충분한 휴식을 취하는 것이었다. 한편 또 다른 의사였던 F. X. 마이어는 당시 유명 휴양지 카를스바트에서 15년째 근무 중이었는데, 선구자들이 흔히 그렇듯 통합적 접근법을 취하는 대신 특정한 부분에 몰두했다. 그는 수천 명의 환자를 진찰한 끝에 현대병의 주범은 오염되고 활기 잃은 장腸이라는 결론을 내렸다. 이때부터 F. X. 마이어는 원칙적으로 모든 환자를 소화불량 환자로 대하며 장 청소와 엄격한 저칼로리 식단, 복부 마사지 등으로 이루어진 동일한 방식의 치료를 제공했다.

내가 방문한 —F. X. 마이어의 이론을 따르는— 요양소에서도 장청소(글라우버염과 비슷한 물질이 들어 있는 끔찍한 아침 음료의 도움을 받아)를 주요 원칙으로 삼아 하루 일과를 진행했다. 그럼 확실히 하루 이틀만 지나도 배고픔을 느끼지 못한다. 마이어와 부힝거에 따르면 소화관이 비는 순간 우리 몸은 저장된 지방을 갉아먹는다. 더 이상 먹을 게 없음을 깨닫는 순간 제 몸에 있는 영양분을 섭취하는 것이다. 여러 날을 차와 물만 마시며 음식을 완전히 끊는 극단적 단식을 하면 얼마 뒤 아주 흥미로운 현상이 나타난다. 뇌에서 어서 당분을 달라고 하는데, 체내에서 쉽사리 에너지를 구할 수 없게 된 우리 몸은 까다로운 뇌를 위해 지방을 케톤체로 바꾸기 시작한다. 그 결과 정신적 각성 상태와 쾌감을 느끼며 단식의 황홀경에 빠진다. 그럴 때는 몸속에서 왠지 모를 힘이 솟는 기분이 든다. 이 단계에서 나는 산으로 모험을 떠나고 싶다는 유혹을 느꼈고 —나중엔 더 이상 행복감을 느끼지 못한 상태로— 해지기 전에 겨우 하산할 수 있었다.

놀랍게도 요양소에서는 시간이 금방 지나간다. 휴식 요법, 복부 압박법, 마사지, 건초 찜질 등을 하는 동안 어느새 하루가 끝나버린다. 소화를 잘 시키고 충분한 휴식을 취하는 것 외에 달리 할 일이 없는 사람에게 지루함은 역설적이게도 낯선 것이다.

하루 일과에 체계를 부여하는 하이라이트로 빼놓을 수 없는 것이 바로 규칙적인 식사 시간이다. 거듭 말하지만 변변한 음식이랄 것도 없다. 이른바 씹기 운동의 보조제 격인 작은 메밀 빵조차 따로 신청해야 받을 수 있다. 이런 빵을 대마유나 아마씨유 한 티스푼과 함께 되새김질하듯 몇 분이고 씹으면서 침과 골고루 섞이게 우물거린다.

F. X. 마이어 원칙에 기반한 그 요양소의 첫째 좌우명은 음식에만 온전히 집중하라는 것이다. 잡담하거나 책을 읽어서도 안 되고 씹는 행위에만 주의를 기울여야 한다. 식당에서는 창밖을 바라보거나 하얀 식탁보가 깔린 테이블에 혼자 앉아 있는 다른 방문객들과 눈인사를 나눌 수 있지만 아무 의미 없는 일이다. 식사 중에는 대화가 금지되어 있기 때문이다.

식당에서는 엄격하게 침묵이 지켜졌다. 나는 토마스 만의 소설《마의 산》을 챙겨갔는데, 거기서 묘사한 요양소의 시끌벅적한 광경 따위는 찾아볼 수 없었다("요아힘의 말에 따르면 식당에서 때로는 신나는 일이 벌어지기도 하고 샴페인이 식탁에 올라오기도 한다"). 요양소의 식탁에서 샴페인은 자취를 감춘 지 오래고, 소설의 다음과 같은 대목에 등장하는 여인도 이제는 종적이 묘연하다.

서른 살가량 된 숙녀 말고는 아무도 거기에 앉아 있지 않았다. 그녀는 책을 읽으며 뭔가를 흥얼거렸고 왼손 중지로 가볍게 식탁보를 두들겨댔다. 그 젊은이들이 자리에 앉자 그녀는 자리를 옮겨 등을 보인 채 앉았다. 사람들을 꺼려 늘 책을 보며 식당에서 식사한다고 요아힘이 조용히 설명했다. 사람들 말에 따르면 그녀는 이미 소녀 적에 폐 요양소에 들어와 그 뒤로 바깥세상에 나가 본 적이 없다고 했다.

더는 세상 속에 살지 않는 것! 이것이야말로 우리 모두가 은밀히 꿈꾸는 것이 아닐까? 나는 《마의 산》 외에도 옌스 예센Jens Jessen의 《귀족의 유산Was vom Adel blieb》도 챙겨 갔다. 그 책에는 "우리 같은 사람은 요양소에서 지내도록 태어났다"라는 저자 어머니의 말이 나온다. 그 말의 의미를 잘 알 것만 같다. 창문은 반쯤 열려 있고, 목욕 가운 차림으로 침대에 누워 산 쪽으로 얼굴을 둔 채 읽던 책을 배 위에 올려놓고 잠이 든다. 나라도 그렇게 영원히 지내고 싶다……

요양소에서 내가 좋아하는 장소는 사우나와 스파를 위해 마련된 넓은 공간이다. 거기선 남녀 구분이 없다. 북유럽의 사우나 애호가인 내게는 하등 문제가 될 게 없지만, 동양에서 온 여성 고객들에게는 처음 접하는 생소한 광경이다. 아무튼 거기서 온갖 유형의 대화를 엿들을 기회를 얻었다. 영양 섭취, 단식, 노폐물 제거 같은 주제가 제아무리 흥미롭더라도 제 몸을 돌보고 유지하는 것과 완벽한 영양 공급에만 관심을 쏟는 삶은 얼마나 지루할까 하는 생각이 들었다. 가령 어떤 발효물질이 최고의 프로바이오틱 효과가 있고, 얼마나 다양한 해초류가 시판되고 있는지, 엽산 및 오메가 지방산이 풍부한 대마 우유야말로 두유나 우유를 대체할 유일한 대안이고, 또 아보카도가 얼마나 영양이 풍부하고 마스크팩으로도 훌륭하다는(부인들 자신이 적립한 것만큼의 항공사 마일리지를 아보카도가 적립했음을 잊지 말자) 이야기를 줄곧 옆에서 들어야 한다고 생각해보라. 과체중이 인류의 당면 문제가 아니었던 세상이 그리울 수밖에 없을 것이다.

누구나 알고 있지만 지키지 않는 원칙

유발 하라리의《호모 데우스》를 읽지 않은 독자를 위해 한 대목을 소개하고자 한다.

> 베벌리힐스의 부자들이 양상추샐러드와 퀴노아를 곁들인 찐 두부를 즐기는 동안 슬럼가와 게토 지역의 빈민들은 초코바, 치즈스낵, 햄버거, 피자 같은 음식을 꾸역꾸역 배 속에 집어넣는다. 2014년, 21억 명 이상이 과체중이었던 반면 8억 5,000만 명은 영양실조에 시달렸다. 2030년에는 인류의 절반이 과체중일 것으로 전망된다. 2010년, 100만 명가량이 기아와 및 영양실조로 사망했는데, 비만으로 죽은 사람은 300만 명에 달했다.

전 세계인의 영양 섭취와 관련해 뭔가 단단히 잘못된 게 틀림없다. 그렇지 않고서야 멕시코 같은 가난한 나라들의 다수가 비만에 시달리는 동안 우리가 사는 곳에서는 다이어트 책이 베스트셀러 1위에 오르고, 이제 막 풍요를 누리기 시작한 나라의 부유한 여성들이 요양차 잘츠카머구트를 찾을 일도 없을 것이다.

호화 요양소에서 보낸 3주의 시간은 황홀했다. 그 뒤로 체중이 줄고 활력도 되찾았다. 먹는 것에 신경 쓰라는 조언을 2주 동안은 철저히 지켰으나 곧 예전으로 되돌아갔다. 허리둘레도 요양소에 들어가기 전 수준으로 늘어났다. 하지만 유익한 시간이었다고 믿어 의심치 않는다. 수렵채집인이었던 먼 조상들도 풍요와 궁핍의 시기를 번갈아 겪었고, 체중이 들쭉날쭉하는 현상이 건강에 해롭지만은 않다는 점도 증명되었다. 문제라면 내 몸에 딱 맞는 바지를 찾기가 힘들다는 정도였다.

그런데 주기적 단식이 주는 최대의 건강 효과가 체중 감소가 아니라는 주장도 있다. 요시노리 오스미는 매일 16시간 동안 음식을 섭취하지 않을 때('간헐적 단식') 몸에서 어떤 놀라운 일이 일어나는지를 밝혀낸 공적으로 2016년 노벨생리의학상을 받았다. 간헐적 단식을 하면 세포가 깨끗이 청소되는 현상이 벌어지는데, 구글 검색을 통해 이를 지칭하는 '자가포식autophagy'이라는 전문용어를 만날 수 있다. 영양분 공급이 지체되면 우리 몸은 세포 내에서 오래전 밖으로 내보내고자 했던, 결함 있는 단백질을 우선 사용한다. 이런 식으로 발암물질인 아크릴아마이드와 활성산소로 손상된 단백질이 배출된다. 단식이 시작되고 2시간에서 14시간이 지나면 이미 이런 정화 작용이 시작된다고 한다.

내가 참가한 단식 코스의 첫 번째 교훈은 장시간 규칙적인 공복기를 유지하라는 것이다. 저녁만 되면 식욕이 살아나는 나는 — 절제력이 부족한 탓에 — 작은 규칙부터 정해 실천하리라 마음먹었다. 일주일에 한 차례(또는 두 차례) 24시간 단식을 하기로 했는데 저녁 8시가 지나면 아무것도 입에 대지 않기로 했다. 대신 12시간 또는 14시간의 공복기 이후에는 억지로라도 아침을 먹는다. 아침에는 내 위장이 음식을 거부하지만 그럼에도 매일 아침 오트밀이나 통밀 시리얼을 먹고 대마 우유와 아마씨, 사과 몇 조각도 곁들인다.

내 쓰라린 경험상 앞으로 절대 탄수화물을 먹지 않겠다거나 맥주를 끊겠다는 거창한 계획 앞에선 금세 두손 두발을 들게 된다. 그래서 작지만 현실적인 목표에 충실하면서 조금씩 목표치를 높여나갈 생각이다. 맥주 애호가에게 과도기를 견디는 팁을 전하자면 '자우레saure'를 마시라는 것이다. 바이에른주의 심장부인 니더바이에른 지방에서는 탄산수를 반쯤 섞은 '헬레스 비어helles Bier'를 자우레라고 부른다.

핵심은 간소한 식단이다! 자신은 물론 환경을 위한 최선의 다이어트법은 '지구 건강 식단Planetary Health Diet'에 있다. 푸른 채소를 많이 먹고 되도록 설탕은 피하고 고기는 조금만 먹는 것이다. 세상에서 가장 쉬우면서도 효과적인 다이어트에는 그 누구의 지도나 안내, 식단 가이드도 필요 없다. 오로지 '절반만 먹기' 원칙만 명심하라. 적게 먹고 더 많이 움직여라. 이뿐이다.

그냥 체중 관리를 했을 뿐인데

내 몸을 구하는 일과 세계를 구하는 일은 별개의 문제다. 친환경 농업이 전 세계 식량 공급을 책임질 수 있을지, 아니면 산업적 농업과 고농도 화학비료 투입만이 해결책인지를 놓고는 한참 논쟁을 벌일 수 있다. 어쩌면 '세계식량공급'이라는 개념부터가 잘못된 게 아닐까? 내가 알기로 기아 퇴치는 개발원조 기관에 더 이상 큰 문제가 아니다. 전 세계 농산물의 70퍼센트를 소농들이 생산한다. 이들을 지원하고, 우리가 대량 소비하는 가축을 먹여 살리고자 경작지 절반을 황폐화시키지만 않는다면 소농들은 '세계 식량공급'을 쉽게 달성할 수 있을 것이다. 또 중장기적 관점에서는 우리가 어떤 농업 방식을 택하든 아무 상관이 없어 보인다. 서구적 생활 방식이 그에 따른 소비 습관과 함께 전 세계로 전파된다면 어떤 형태의 농업도 그런 추세에 '지속적으로' 대처하기란 힘들 것이다.

친환경 농업이냐 전통적 농업이냐, 둘 중 어떤 것을 택할지 묻는다면 내 대답은 간단하다. 과일과 채소를 살 때마다 나는 이렇게 되묻곤 한다. 땅을, 식물을 똑바로 지탱하는 수분을 함유한 물질로 여기는가? 이런 식이라면 네덜란드의 공장식 온실 속 인공양모 위에서도 식물은 자란다. 아니면 식물에 영양분을 공급하는 살아 있는 존재로 생각하는가? 고기를 앞에 두고는 이렇게 묻는다. 동물을 하나의 대상으로 여기는가? 달걀이나 고기, 우유를 최대한 많이 생산하는 것이 유일한 임무인, 수십만 마리씩 공장에서 사육되는 하나의 대상인가? 아니면 적절한 대접을 받을 권리를 가진 동료 피조물로 보는가? 그럼 결정은 쉽다. 의사인 에카르트 폰 히르슈하우젠의 제안을 떠올려보자. 식료품 포장지에 칼로리를 표기하듯 탄소 수치를 적어 소고기 수프가 채소 수프보다 10배나 더 많은 온실가스를 배출한다는 점을 일깨우자는 것이다. "그럼 소비자는 되물을 것이다. 10배나 더 가치가 있을까? 그건 아닐 것이다."

실제로 배출가스와 자원 낭비를 줄이는 데 식습관을 조절하는 것만큼 효과적인 수단도 없다. 다시 말해 우리는 얼마든지 원하는 대로 비행기를 타도 상관없다. 우리의 식습관이 남기는 탄소발자국에 비하면 크게 중요한 일도 아니다. 독일인은 개인 소비를 통해 1인당 평균 7.7톤 정도의 이산화탄소를 발생시킨다(세계 평균 4.8톤). 만약 가공식품(즉 간편식)과 육류 소비를 끊는다면 벌써 1톤 이상을 줄일 수 있다(이에 비해 국내 항공 여행을 하지 않을 때는 0.28톤을 감소시킬 뿐이다).

육류 소비가 얼마나 황당무계한지를 보여주는 간단한 계산이 있다. 즉 우리가 고기를 통해 섭취하는 1칼로리를 위해 가축은 10칼로리의 사료를 먹는다는 사실이다.

최악의 탄소발자국을 찍는 것은 소고기이며 돼지고기가 그 뒤를 따른다. 단연 기후 친화적인 것은 가금류이다. 독일인은 매일 평균 165그램의 육류를 먹는다. 저마다 3분의 1로 줄인다면 —즉 일요일과 축제일에만 고기를 굽는 전통으로 돌아갈 때— 매년 100킬로그램 넘게 탄소 배출량을 줄일 수 있다.

아보카도보다 친환경적으로 버터를 즐기는 법

내가 식료품을 구입할 때 이른바 '버추 시그널링Virtue Signaling(도덕성 과시)'이라는 비난을 감수하면서까지 유의하는 몇몇 사항을 소개하고자 한다.

✱ 나는 될 수 있는 대로 지역 생산품을 구매한다. 베를린의 유기농 성전이라 할 수 있는 콜비츠 거리의 'LPG'에서는 1만 8,000여 개의 유기농 제품을 팔고 있는데 대부분 폭스바겐

디젤차가 무색할 정도의 '환경발자국'을 자랑한다. 배는 아르헨티나산이고, 전 세계에서 수입한 250종의 친환경 와인이 있고, 가게에서 제일 인기 많은 우유는 가까운 브란덴부르크가 아닌 멀리 바이에른의 낙농장에서 공급받은 제품이다. 선택지가 다양한 아보카도도 두말할 나위 없다. 개인적으로 과카몰레 요리를 좋아하지만, 아보카도를 즐겨 먹는다는 것은 고래잡이에 동참하고 철갑상어 초밥을 아이들의 눈물에 찍어 먹는 것과 다를 바 없는 일이다. 나는 멕시코의 항구도시 아카풀코나 여느 남미의 해변에 앉아 있을 기회가 온다면 그때 다시 아보카도를 먹겠노라고 마음먹었다. 즉 가까운 장래에는 그럴 일이 없을 것이다.

* 행복한 표정의 동물들이 푸른 초원 위에서 뛰노는 그림이 박힌 포장지에 나는 더 이상 현혹되지 않는다! 정겨운 이미지를 내밀며 자연친화적임을 믿게 하려는 제품일수록 수상쩍다. 다소 극단적이기는 하지만 식료품 구입과 관련해 들은 최고의 원칙은 이렇다. '광고문구가 적힌 상품은 절대 사지 말라!' 그럼 포장지 쓰레기 문제도(또 배 둘레 문제도) 해결된다. 나는 늦저녁부터 식탐이 발동하는데 그때마다 뇌에서는 탄수화물을 달라고 아우성친다. 이런 때일수록 모든 포장된 음식을 조심해야 한다. 시작은 벤앤제리스 아이스크림이

다. 집에 포장 식품이 없을 때는 아무 일도 벌어지지 않는다. 무 한 조각을 집어들 일은 없기 때문이다. 포장된 음식을 무시하기로 결심하면 완성 식품을 집어 드는 대신 직접 요리에 나설 수밖에 없다.

✱ 포장된 음식을 사야 할 때는 일부러 유리에 담아 파는 것을 선택한다. 업계에서는 운반 비용이 많이 드는 유리보다 플라스틱이나 일회용 포장에 관심이 많다. 유리에 담은 상품은 대부분 주변 지역에서 배송된다. 맥주는 예외로 하자. 최상의 맥주를 즐기되 아보카도 마니아 수준의 환경발자국을 남기지 않으려면 오버바이에른이나 니더바이에른 지역에 살수밖에 없다.

✱ 마지막 ─가장 지키기 어려운─ 원칙은 제철 식품을 사 먹자는 것이다! 물론 '제철 채소 정기 배달 서비스' 구독자가 받게 되는 친환경 식품점의 배달 상자는 영 볼품없어 보인다. 하지만 불가피하게 제약을 받는 상황에서는 창의성이 발휘되고 즐기는 재미도 커지는 법이다. 모든 것을 언제든 손에 쥘 수 있다면 그 무엇도 즐거움을 주지 못한다. 놀고먹는 세상에서 보내는 삶만큼 따분한 것도 없다. '계절에 맞는' 음식을 먹으려고 노력할 때(이와 관련해 유용한 달력이 인터넷에 있다) 가

끔의 예외를 즐기는 재미도 커진다. 가령 이른 봄에 딸기를 먹으면 마치 카스피해산 불법 철갑상어알을 먹는 것 같은 기분이 들 것이다.

농업생태학 혁명의 최전선에서 싸우고 싶은가? 그렇다면 도시농부라는 선택지가 있다. '도시 농장urban farming', 혹은 자급자족하는 공동체에 미래가 달려 있다. 글로벌 식품 대기업과 대형 친환경 식품점 대신 소규모 단위의 생산과 다양성이 우리의 희망이다.

텃밭 일을 동경하는 도시인들에게 땅을 제공해 채소를 재배할 수 있도록 하는 농부들을 독일 전역에서 찾아볼 수 있다. 이런 아이디어에 솔깃하지만 근교 브란덴부르크 지역까지 먼 거리를 가기 주저하는 베를린 시민들을 위해 텃밭 일을 도맡아 해주는 'IP 가르텐IP-Garten'이라는 스타트업이 등장하기에 이르렀다. 덕분에 집에 앉아 컴퓨터나 앱을 통해 언제 농작물에 물을 주고 수확할지 관리할 수 있게 되었는데, 진짜 농부가 농사일을 맡아주고 소박한 나무상자에 그 수확물이 담겨 배달된다. 농장 일은 ─가상의 경작도 마찬가지다─ 상당한 치유 효과가 있다고들 한다. 더구나 직접 재배한 작물을 먹으면 감동은 배가 된다.

나도 직접 해 봤다. 모든 위대한 길은 작은 걸음에서부터 시작되는 만큼 일단 창문턱 화분에 파를 심어 보았다. 자란 파를 잘라 차가운 버터를 바른 바우언브로트(호밀빵)에 얹어 먹으니 그 맛이 일품이었다. 물론 버터는 소고기보다 훨씬 더 많은 탄소발자국을 남긴다. 하지만 내 녹색 양심도 어느 선을 넘으면 한계에 이르기 마련이다.

요란스럽고
뚱뚱한 차를
꼭 가져야만 할까?

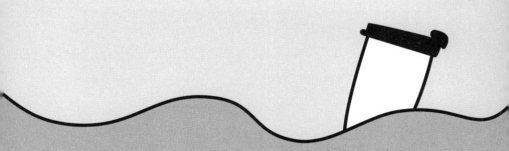

가볍고 아름답고 빠른 스포츠카에
자동차의 미래가 있다. 그 밖의 차들은 금지해야 한다.

_울프 포샤르트Ulf Poschardt, 저널리스트

세상은 모순투성이다. 너도나도 환경보호를 외치는 동안에도 SUV라 불리는 스포츠 유틸리티(다목적) 차량의 판매량은 늘어만 간다. 거대하고 흉측한 미국산 SUV 차를 유럽인들이 경멸의 눈빛으로 쳐다보던 것도 옛날 일이다. 유럽인들도 큰 차에 열광하기 시작하면서 어느덧 유럽에서 판매되는 차량의 3분의 1을 SUV가 차지했다. 아무 날이나 아침에 부유층이 사는 동네로 차를 몰고 지나가면 BMW X5와 Audi Q5가 죽 늘어서 있는 광경을 볼 수 있다. 그런 차에서 작은 체구의 기품 있는—이른 시간인데도 세련되게 화장한— 여인들이 내려 아이들을 몬테소리 유치원에 데려다준 뒤 유기농 마켓에 들러 장을 본다. 아무래도 언젠가부터 높은 시트에 앉으면 우월감도 생기고 훨씬 안전하다고 느낀 남자들(또는 여자들?)이 나타난 것 같다. 이런 사람들을 따라 하면서 본격적인 '군비경쟁'이 시작되었다.

그런데 SUV는 고상한 기원을 갖고 있다. 원래는 영국 귀족을 위해 만들어진 차였다. 도시 외출용 차량을 따로 두고 싶지 않았던 귀족들은 사냥한 꿩 같은 짐승이나 사냥개를 싣는 용도로 주중에 사용하던 차량을 몰고서 도시 나들이에 나섰다. 1980년 대 런던에서는 진흙과 오물이 묻은 채로 첼시와 벨그레이비어 지역에 주차된 레인지로버가 특별한 신분의 상징으로 여겨졌다. 이런 차량은 그 소유자가 도시에 제2의 주택을 소유한 귀족 지주 임을 증명하는 셈이었다. 그러자 이웃의 신흥 부자들이 곧 이들 을 흉내 냈다. 떠도는 이야기에 따르면, 이 새로운 레인지로버 소 유자들은 귀족 지주인 이웃과 보조를 맞추고자 고용인을 시켜 자신의 차량에 진흙을 바르게 했다고 한다. 언제부터인가는 너도 나도 이런 차량을 몰기 시작하면서 —오래된 신분 상징들에서 흔히 보듯— 보통 사람들 사이에서 유행처럼 퍼져나갔다. 그러므로 지 금 우리는 '교통수단의 전환' 같은 사업에 나서기보다 먼저 SUV 차량부터 도시에서 몰아낼 필요가 있다. 비싼 이용료를 부과하는 조건에서만 개별적으로 예외가 허용되어야 한다. 또 다른 조건도 필요하다. 안전 삼각대와 안전조끼를 의무화하는 것뿐만 아니라 트렁크에 죽은 꿩을 한 마리씩 싣고 다니도록 하는 것이다.

돈 많은 허풍선이를 위한 위험한 장난감

저널리스트 울프 포샤르트가 이 괴물 같은 신분의 상징물을 비 판하는 선구적인 글에서 지적했듯이 '스포츠 유틸리티 차량'의 인기 비결은 그 안에 담긴 자유에 대한 동경에 있다. 다시 말해 "따분하고 소외된 생활을 벗어나 넓고 거친 땅으로 달려갈 수 있다는" 희망이다. 당연히 절대 실현 불가능한 환상이다.

대부분의 SUV 운전자는 반짝반짝 빛나는 자동차 휠이 연석에 긁힐까 봐 전전긍긍이다. 이들 차량 소유자들은 자신에게 품었던 꿈에 실망한 전사들이다.

포샤르트에 따르면 SUV를 몰면 주변과 담을 쌓는 기분이 들면서 공감 능력에 지장을 받고, 이는 다시금 거대한 철판에 둘러싸인 SUV 운전자에 대한 새로운 편견을 불러일으키는 결과로 이어진다. 이런 차를 모는 사람들은 스스로가 달리는 잠재적 도로 장애물임을 고백하는 셈이고, 이로써 도로에서 사회 친화적 태도를 보이지 않겠다는 신호를 보낸다는 것이다. 자동차가 방해물이나 골칫거리로 여겨지는 것은 환영할 만한 경향인데, 이런 현상이 훨씬 극단적으로 나타나던 시절이 있었다. 바로 자동차 시대가 열리던 초창기였다.

수백 년에 걸쳐 발달한 도시는 원래 보행자 위주로 꾸며져 있었다. 1900년경만 해도 전 세계 모든 대도시에서 도로는 모두가 공유하는 공간, 즉 누구도 특권을 누리는 법 없이 보행자, 자전거 이용자, 전차나 소수의 마차가 공평하게 자리를 나눠 갖는 붐비는 장소였다. 그러다 보급 대수가 늘어가던 자동차가 갑자기 특별한 권리를 요구하고 나섰다. 헨리 포드의 모델 T가 혁명을 불러일으킬 때까지, 그러니까 1차 세계대전 무렵만 해도 도로 위에서 자동차는 진기한 대상이었다. 처음에는 돈 많은 모험가와 허풍선이를 위한 위험한 장난감일 뿐이었다. 그런 만큼 도로에 나선 자동차는 대중의 환영을 받지 못했을뿐더러 혐오의 눈길을 받았다.

유럽 최초의 자동차 소유자는 월터 로스차일드Walter Rothschild 같은 괴짜 억만장자들이었다. 개인 동물원이 있었던 로스차일드는 이따금 얼룩말이 끄는 쌍두 또는 사두마차를 몰고 도시를 달리곤 했다. 미국 최초의 자동차 소유자들은 호화 증기선을 타고 유럽과 미국 동부 해안을 오가던 트랜스애틀랜틱(대서양을 건너는) 엘리트들이었다. 이들은 유럽의 옛 엘리트들이 누리던 호사스러운 생활을 넘어서려고 온갖 애를 썼다. 1912년 타이타닉호 침몰 당시 1,495명의 희생자 중 하나였던 존 제이콥 애스터John Jacob Astor 4세는 죽기 전 다수의 스포츠카를 포함해 20여 대에 달하는 자동차를 보유하고 있었다.

몬테카를로, 비아리츠, 롱아일랜드 등지의 부유한 상속자들은 도로를 그들만의 레이싱 트랙으로 여겼다. 20세기 초의 전형적인 플레이보이형 억만장자였던 윌리엄 밴더빌트William Vanderbilt가 남긴 일기장에는 그가 어떻게 자신의 메르세데스 심플렉스 40 HP로 앙리 드 로칠드Henri de Rothschild(로스차일드 가문의 프랑스계 후손)가 보유한 최고 속도 기록을 깼는지 쓰여 있다(밴더빌트는 1904년에 데이토나에서 열린 경주에서 시속 148킬로미터로 달렸는데, 향후 20여 년간 깨지지 않은 엄청난 기록이었다). 자동차 운전의 묘미는 —퇴폐적이라기보다는— 엘리트적 스릴감에 있었다. 밴더빌트는 한 인터뷰에서 "부유함이 야망에 끼치는 영향은 코카인이 도덕에 미치는 파장과 비슷하다"고 말한 적이 있다. 역사학자 댄 앨버트Dan Albert가 미국 자동차산업에 관해 쓴 책에서 지적하듯, '도금시대Gilded Age(남북전쟁 후의 호황기 – 옮긴이)'에 축적된 미국의 부를 물려받은 세대에게 자동차 운전은 평생 느껴보지 못한 스릴감을 느끼게 했다.

자연스럽게 이에 맞춰 초창기 자동차광들에 대한 평판도 결정되었다. 댄 앨버트의 책에는 롱아일랜드에 건설 예정인 고속도로에 비판적인 1902년의 《뉴욕타임스》 논평이 나오는데, 값비싼 차를 모는 이유가 단지 "비싸기 때문인" "응석꾸러기 부유층 자제"를 언급한 그 논평에서는 이런 과시꾼들에게 무의미한 벌금을 물리기보다는 감옥에 넣거나 곧바로 "전기의자에 앉히도록" 촉구한다.

도로의 급증하는 자동차를 향한 분노가 미국보다 유럽에서 더 심하던 시절이 있었다. 역사학자 우베 프라운홀츠Uwe Fraunholz 의 《자동차 공포증Motorphobia》에서 그 사실을 확인할 수 있다. 이를테면 빈 병 보증금제도가 어떻게 만들어졌는지를 알면 흥미롭다. 이 제도는 1차 세계대전 발발 전 바이에른의 일부 주민이 운전자들을 골탕 먹이려고 도로에 뿌린 유리병 조각을 없애려고 자동차협회가 맥주 양조장에 압력을 행사한 데에서 비롯되었다. 그런가 하면 1913년 3월 2일 베를린 북서쪽 헤닝스도르프 마을에서는 자동차를 혐오한 주민들이 두 그루의 나무 사이에 매단 철삿줄에 걸려 넘어져 오펠 '토르나도' 차를 타고 가던 45세의 보석상 루돌프 플룬츠와 그 일가족이 사망한 사건도 있었다. 그런데 운전자를 노린 이런 충격적인 공격보다는 분노한 마부가 운전자를 채찍으로 때리거나 주민들이 지나가던 자동차에 돌을 던지는 등 수많은 작은 사건이 시사하는 바가 훨씬 크다. 대도시 근교의 급증하는 교통량에 항의하는 일은 자동차 등장 초기 일부에 국한된 현상이 아니라 대중이 함께한 것이었다.

자동차 없는 미래는 가능할까?

1950년대 중반 자가용이 대중화되면서 도시 주민들도 적개심을 풀고 늘어나는 자동차 소유 대열에 합류했다. 1950년 서독에는 54만 대의 승용차가 있었는데, 차를 모는 비율은 100에 1명도 채 되지 않았다. 1960년대 초만 해도 특별한 경우가 아니면 노동자가 차를 보유하는 일이 드물었다. 차를 구매한 중산층 시민은 이웃의 부러움과 찬사를 동시에 받았다. 1950년과 1960년 사이 독일의 자동차 소유자는 54만 명에서 450만 명으로 거의 10배나 늘었다. 1965년에는 이미 2배로 증가했고(930만 명), 1970년에는 1,400만 명에 도달하는 등 어느덧 독일 도로에서는 운전면허증 소지자보다도 더 많은 차를 볼 수 있었다. 이는 많은 차가 대부분의 시간을 도로가 아닌 주차장에서 보내고 있음을 뜻하기도 한다. 대다수 운전자가 매일 자기 차에서 보내는 시간은 최대 1시간 남짓하기 때문이다.

과거로 돌아갈 수는 없을까? 다행히도 사람들은 1920년대부터 서서히, 1950년대 중반부터는 한층 뚜렷하게 운전자 요구에 맞춘 자동차 위주의 도시 개발에 문제가 있다는 것을 깨닫기 시작했다. 현대 도시계획가들은 주민들이 배기가스와 차량 행렬에서 벗어나 자유롭게 돌아다니는 도시를 꿈꾸고 있다. 그런 도시에서는 아예 차를 볼 수 없거나 적어도 '개인 동력화 운송 수단'이 자취를 감출 것이다. 대신 차를 '공유(셰어링)'하거나 배기가스가 없는 자율주행 '로보택시'를 타고 다닌다.

하지만 환경 회의론자들은 사람들이 그동안 힘겹게 쟁취한 편리한 개인 이동 수단을 쉽게 포기할 거라고 보지 않는다. 특히 독일인들은 어느 나라 국민보다도 자동차를 사랑하고 공유하는 걸 꺼린다. 녹색당이었으나 보수당인 기독교민주당CDU으로 당적을 옮긴 정치인 오스발트 메츠거Oswald Metzger는 자동차를 옹호하는 저서 《자동차 없는 미래Demnächst ohne Auto》에서 "자동차와 기차의 관계는 거실 TV와 극장, 개인 전화와 공중전화, 개인 욕실과 공중목욕탕과의 관계와 비슷하다"고 말한다. 그동안의 발전 과정을 무시하고 자동차 대신 공공교통수단을 대폭 늘릴 수 있다고 믿는다면 세상 물정에 어두운 자라고 주장한다. "그런 시도는 어릴 때부터 만지작거리는, 너도나도 사용하는 스마트폰으로 이루어지는 현대의 광범위한 커뮤니케이션 활동을 과거에 쓰던 유선전화를 통해 처리하려는 것과도 같다."

메츠거는 자동차 없는 미래는 불가능하다고 단언한다. 그 어떤 공공교통수단에도 비할 수 없는 자동차만의 장점이 크기 때문이다. 타인으로부터 독립적이고 언제든 원하는 출발지에서 목적지까지 달릴 수 있는 자동차의 매력은 대체 불가능하다. 자동차 공유 모델이 널리 퍼지리라는 예측도 메츠거는 비현실적이라고 일축한다. 이 모델을 도입하는 도시라면 이미 대중교통망이 촘촘히 깔려 그런 서비스가 불필요할뿐더러 교통 과부하만 심화시킬 것이다. 근거리 대중교통을 이용하기보다는 앱으로 단시간 빌린 자동차로 갈아타도록 부추기기 때문이다. 정작 자동차 공유 서비스가 유용한, 공공교통망이 듬성듬성 갖춰진 도시 주변지역에서는 그 같은 사업이 타산에 맞지 않는다. 차량이 오랫동안 이용되지 않은 채 주차되어 있을 수 있기 때문이다.

그런데 메츠거가 착각하는 부분이 있는 것 같다. 물론 일일이 검색해 빌리는 차가 아닌 사적으로 이용할 수 있는 자동차는 실용적인 측면에서 대체하기가 어렵다. 하지만 의식 변화와 함께 선호하는 이동 수단이자 소유물로서의 자동차와 작별할 날이 올 것이라는 게 내 생각이다. 이 모든 건 다시금 위신과 관련이 있다. 완전히 내 것이면서, 육중한 철판과 각종 기술에 둘러싸여 운전자 혼자 운전하고 돌아다니게 하는 차는 머지않아 구닥다리처럼 보일 것이다. 마치 마차를 타고 다니는 것을 떠올리게 할 것이다.

20세기 초에 자동차가 막 등장했을 때 볼 수 있었던 과감한 미래 지향성과 기술에 대한 열광은 새로운 형태의 이동 수단에서도 발견된다. 애스터, 밴더빌트, 로스차일드 같은 가문에서 초창기 자동차의 신기술에 열광했다면, 우리 시대의 초갑부들은 전기이동장치와 자율주행차에 열광한다. 그러니 SUV 운전자들은 승산 없는 싸움을 벌이고 있는 셈이다. 이들은 사회민주당SPD의 소산 시블리Sawsan Chebli가 인터넷에 이런 글을 올릴 정도로 사민당 정치인들의 보호를 받아야 할 처지가 되었다.

한 가지 전할 소식이 있다. #자동차없는날에 관한 내 트윗을 읽고 한 친구가 전화를 걸었다. #SUV를 몰고 다니는 친구는 점점 심해지는 적대감을 하소연했다. 이 친구는 누구보다도 우리 사회를 위해 헌신하는 멋진 사람이다.

울프 포샤르트는 "남들과 차별화한다는 단순한 이유로 레인지로버를 탔던 이들이 지금은 경차 '스마트'를 선택하거나, 좀 더 현명한 경우 자전거를 탄다"고 지적한다. 지위를 상징하는 수단으로서의 자동차는 이제 인기가 없다. 인터넷 서핑으로 각종 최신 이동 수단을 능숙하게 찾아내는 모습이 훨씬 현대적으로 보인다.

오늘날 베를린에서는 다양한 공유 서비스 덕분에 도시 곳곳으로 편리하게 다닐 방법이 많아져 직접 걸을 일이 없다. 여러 이동 수단을 이리저리 조합해 타는 일은 꽤 재미있다. 모퉁이마다 서 있는 전동 킥보드는 누구든 근처 지하철역이나 전기차 렌터카가 있는 곳으로 데려다준다. 그런가 하면 늦은 저녁 인기가 많은 '벨쾨니히BerlKönig' 서비스도 있다. 앱으로 셔틀 차량을 부르면 운행 중 다른 승객들을 태우고 다소 돌아가지만, 저렴한 요금으로 예약 손님을 집이나 테크노클럽으로 데려다주는 서비스다. 독일의 여러 대도시에서 운행 중인 '클레버셔틀CleverShuttle'도 비슷한 원리다. 클레버셔틀은 전기모터를 사용해 배기가스 걱정 없이 운전한다. 이 모든 것이 지하철, 버스, 도시고속전철, 전동 킥보드, 드라이브나우DriveNow, 우버Uber, 프리나우Free Now, 식스트셰어Sixt Share, 무인 대여 자전거, 자전거 택시 등과 조합이 가능하다. 손가락으로 딱 소리만 내면 고객을 태우고 목적지까지 데려다주는 자율주행차도 머지않아 여기에 합류할 것이다. 베를린 '6월 17일 거리'에서는 이미 테스트 노선이 설치되어 일반 도로의 자율주행차 운행을 시험 중이고, 함부르크를 비롯한 다른 도시에서는 무인 미니 셔틀이 시험 운행을 끝내고 정기 운행에 투입되고 있다.

새로운 이동 수단이 가져올 낙원 같은 세상

자동차 업계에서는 공장에서 차를 생산하면 고객이 구매하는 식의 기존 사업모델이 시대에 뒤처진 것임을 일찌감치 깨달았다. 따라서 거대 자동차 기업은 북미와 유럽에서의 매출 전망을 대폭 낮췄다. 이들이 수익을 기대하는 분야는 ACES라는 네 분야인데 A는 자율주행Autonomes Fahren, C는 연결Connectivity로 자동차 간의 네트워킹을 포함해 차량에서 내보내는 자동차나 생산자 정보의 네트워킹, E는 전기화Elektrifizierung, S는 공유Sharing를 뜻한다.

   얼마 전 열여덟 살이 된 우리 딸은 운전면허증을 따고 싶어 안달이다. 하지만 앞선 세대와는 달리 자기 차를 가진다는 꿈은 없다. 언제 어디서나 이동 수단에 접근하고 싶어 하지만 굳이 몇 톤짜리 고가품을 소유할 필요는 없다는 것이다. 요즘 자동차들은 (폭스바겐의 첫 전기차 ID.3처럼) 이런 새로운 자동차 세대의 기호에 맞춰 제작되는데, 생산공장과 24시간 연결되어 (이들 세대가 스마트폰에서 익숙해져 있듯이) 주기적으로 업데이트를 받는다. 또 운전자가 스마트폰을 자동차와 연결하면 차량에서 운전자를 자동 인식한다. 미래에는 스마트폰 없이 얼굴 인식만으로 가능해진다. 이런 자동차는 굳이 소유할 필요가 없다. 자기 차처럼 느껴지고 그렇게 탈 수 있는데, 차가 운전자를 인식하고 취향과 운전 습관, 즐겨 가는 목적지를 잘 알기 때문이다.

이런 차들이 정교한 기술로 무장할수록 가격 상승은 불가피하고, 값비싼 차를 소유하는 것은 비경제적이기에 공유 모델도 더욱더 확산될 것이다. 미래의 도시인들이 직접적으로 차를 소유한다면 킥보드 발명가인 빔 오우보터Wim Ouboter가 만든 마이크로리노Microlino 같은 초소형 차일 것이다. 달리는 달걀 모양의 이 차는 예전 BMW의 마이크로카 모델인 이세타Isetta를 떠올리게 한다. 자율주행 분야의 기술이 크게 발전한 만큼 신중한 전문가조차 늦어도 10년 뒤인 2030년쯤에는 앱으로 호출 가능한 무인 자동차가 등장할 거라고 기대하고 있다. 내 동료인 자동차 전문기자 톰 드렉슬러Tom Drechsler는 VR 안경을 쓰고서 한발 앞서 개인 교통수단의 미래를 엿본 적이 있다.

당신은 저녁 시간에 함부르크에서 앱으로 신청한 무인 자동차에 몸을 싣는다. 이후 대형 모니터로 시리즈물 몇 편과 뉴스를 시청한 뒤 누워 잠을 청한다. 다음 날 아침이 되면 상쾌한 몸으로 뮌헨에서 잠을 깬다. 비행기 일등석 승객이 부럽지 않다. 바퀴 달린 차 위에 있다는 게 다른 점이다. 차의 운행에도 관여할 필요가 없다. 배터리 충전을 위해 충전소에 잠시 정차하는 등 모든 걸 혼자 알아서 한다.

자율주행은 이제 공상과학물 속 이야기가 아니다. 테슬라 외에도 구글의 모회사인 알파벳의 미래연구소에서 탄생한, 캘리포니아에 소재한 웨이모Waymo라는 업체가 선두주자로 서 있다. 수백 대에 달하는 웨이모의 자율주행 테스트 차량이 현재 전 세계를 돌아다니고 있다. 캘리포니아 교통 당국 통계에 따르면 운전자 1인당 웨이모 시스템 수정을 위해 관여하는 빈도는 1만 8,000킬로미터당 한 번에 불과하다. 물론 앞으로도 자율주행 차량과 관련해 계속 교통사고가 발생하고 사망자도 나올 것이다. 다만 지금보다는 그 빈도가 현저히 줄어들 것이다. 모든 사고 원인의 99퍼센트가 사람한테 있는 데다 고도의 기술이 투입되고 5G망으로 서로 연결된 차량들은 ─기존 자동차 대비 결정적인 이점인데─ 전 세계 차량의 오류로부터 학습이 가능하기 때문이다.
재차 말하지만 당분간 자율주행 자동차는 높은 판매가 때문에 ─극소수 층을 제외한다면─ 개인이 구매하기엔 매력적이지 않다. 자율주행차량의 핵심 센서인 라이다LIDAR, Light Detection and Ranging 하나만 해도 시중에 판매되는 대다수 자동차보다 비쌀 정도다. 이런 이유에서라도 자동차의 미래는 공유경제에 있다고 할 수 있다.

자동차 업계 관계자들과 이야기를 나누다 보면 기존 사업모델이 위협을 받으며 이들이 공황 상태에 빠진 것이 느껴진다. 전 폭스바겐 회장인 헤르베르트 디스Herbert Diess는 2014년 말 BMW를 사직하고 브랜드 CEO직을 맡은 지 불과 며칠 뒤 회의를 주재했는데, 이 자리에서 현재 진행 중인 전기자동차 관련 계획을 보여달라고 요청했다. 그러자 보여줄 게 없었던 임원들은 당황해 어찌할 바를 몰랐다고 한다. 이후 독일 자동차 대기업들은 다소 격차를 만회한 듯이 보인다. 우려의 목소리도 있지만 곳곳에서 '그륀더차이트(창립시대)'를 방불케 하는 분위기마저 느껴진다. 다른 독일 자동차 기업에 비해 늘 한발 앞선 모습을 보인 메르세데스의 경우(테슬라 초창기에 지분을 소유하기도 했다), 오래전부터 자동차 생산자에 머무르지 않고 모빌리티 서비스 제공자로도 나서고 있다. 그리하여 현재 싱가포르에서 비행하는 로봇 택시(에어 택시)를 운영 중이며, 새 시대의 헨리 포드라 불리는 지리吉利자동차 창립자 리수푸李書福와 돈독한 사업 관계를 맺은 덕분에 미래에 대한 전략적 대비가 훌륭한 편에 속한다.

창립시대 정신으로 똘똘 뭉친 기업 중 단연 최고는 테슬라다. 테슬라에는 전도하고자 하는 열정을 방불케 하는 분위기로 가득하다. 캘리포니아 팰로앨토의 본사 입구 위에는 이런 은빛 문구가 이목을 끈다.

지속 가능한 에너지로의 세계적 전환을 가속화한다Accelerate the world's transition to sustainable energy.

테슬라의 기술은 하나같이 오픈 소스를 통해 모든 경쟁자에게 제공되고 있다. 테슬라가 내거는 기치는 세계에서 가장 깨끗한 최고의 자동차를 만들 뿐 아니라 내연기관 자체를 세상에서 없애고 이 같은 일에 협조한다면 누구든 지원하겠다는 것이다. 새로운 전기 이동 수단에 환호하는 이들은 자동차와 보행자 같은 교통 참여자들이 더욱 안전한 세상을, 깨끗한 도시를, 교통이 방해받지 않고 조용히 낙원에서처럼 유유히 흐르는 세상을 꿈꾼다.

허황된 꿈에서 현실이 된 모빌리티

아이러니하게도 1890년대에 최초의 자동차 모델을 시장에 내놓은 초창기 자동차 제작자들도 똑같은 꿈을 꾸었다. 이런 상황은 이중의 기시감을 불러일으킨다. 자동차 역사가 시작될 무렵 신대륙에서는 비非내연기관의 인기가 높았기 때문이다. 1900년 미국에서 판매된 자동차 4,192대 가운데 1,681대가 증기로 움직이고 1,575대가 전기로 움직였던 반면 936대만이 내연기관차였다. 초창기 자동차 로비의 핵심은 마차를 버리고 자동차를 택하면 넓은 도시 공간을 아낄 수 있고, 말보다 훨씬 깨끗하며, 달가닥거리는 말발굽 소리가 사라지면서 도시가 훨씬 조용해진다는 것이었다. 그 당시 사람들이 한 착각은, 몇몇 마차가 자동차로 대체될 뿐이고 나머지는 예전과 변함이 없으리라 계산한 것이다. 새로운 이동 방법을 이용해 훨씬 더 많은 사람이 돌아다닐 수 있다는 점은 간과했다.

혹시 지금도 똑같은 착각에 빠져 있는 건 아닐까? 우리는 새로운 이동 수단을 끊임없이 만들어내면서 서로서로 경쟁시킨다. 그러면서 교통량을 줄이기는커녕 더욱더 늘리고 에너지 소비도 증가하고 있다. 그 많은 전기가(또 리튬과 코발트가) 어디서 오는지는 관심 밖이다. 훨씬 깨끗하다는 수소 기술이나 희토류가 필요 없는 배터리를 장착한 미래의 동력장치 역시 차량 수를 급증시키면서 심각한 문제를 불러올 것이다. 그러니 전국 방방곡곡이 충전소로 뒤덮이기 전에 미래의 이동 수단을 — 도시 내, 도시 간, 또 시골에서 — 어떻게 계획할지 근본적인 고민을 할 필요가 있다. 자동차에 열광하던 1960년대만 하더라도 자동차에 적합한 도시를 꾸미자는 의견이 지배적이었다. 코펜하겐, 취리히, 암스테르담 등지에서 보듯 이런 흐름은 금방 뒤집힐 수 있다. 그 결과는 삶의 질의 향상이다.

어쨌거나 '모빌리티'를 반드시 차량 소유와 연결시킬 필요는 없다. 물론 개인에게 판매되는 자동차는 계속해서 생산될 것이다. 하지만 그것은 럭셔리카 같은 틈새시장 상품이거나 대중용일지라도 지금까지 알던 차와는 다른 아주 미니멀하고 무난한, 순전히 실용성과 효율성에 중점을 둔 일종의 운전용 컴퓨터 기기의 성격을 띨 것이다. 전기자동차 시장의 주요 기업인 지리자동차가 다임러벤츠와 조인트벤처를 맺어 2022년부터 중국에서 양산할 차세대 '스마트' 차량도 이런 경우다.

재미있는 점은 스마트 차가 신모델을 통해 자신의 원래 뿌리로 돌아간다는 사실이다. 스위스의 천재적 선구자 니콜라스 하이에크Nicolas Hayek가 발명한 원조 스마트 차는 자동차에 대한 기존 관념을 혁명적으로 뒤바꿀 의도로 만들어졌다. 1990년대에 새로운 형태의 자동차를 구상할 무렵, 하이에크는 연료 절약형 친환경 초소형 차만 염두에 둔 게 아니었다. 일찍이 그는 자동차 대기업이 철판과 알루미늄 대신 서비스나 수리를 포함해 운행한 킬로미터 수만큼 돈을 내는 '모빌리티'를 고객에게 판매해야 한다는 비전을 품었다. 그리고 하드웨어는 회사 소유로 남아 차량 수명이 다하면 재활용해야 한다고 생각했다. 업사이클링이라는 개념이 생소했던 그 당시에 하이에크는 이미 부품을 회수해 완전 재사용하는 가능성을 논했다. 따라서 애초 '스마트' 모델의 각 부품을 용접하지 않은 채 접착해 만들 계획이었다. 그런 다음 5년 정도 사용한 후 ―농담이 아니다― 효소에 푹 담가 접착제가 용해되면 부품들을 새로운 차량 제작에 쓰려고 했다.

사람들은 그런 하이에크를 미치광이 취급했다. 차량이 아닌 모빌리티를 판매한다는 그의 비전은 30년 전만 해도 허황된 꿈으로 비웃음을 샀지만, 이제는 어엿한 현실이 되었다. 예전에는 자가용 차를 가진 것을 자랑스러워하며 각자 취향껏 '리틀트리' 방향제나 코바늘 장식물로 차를 꾸미곤 했다. 하지만 이젠 '공유 모빌리티'가 당연시되는 시대가 되었다. 혁신에는 종종 오랜 시간이 걸리지만 일단 혁신에 성공하면 누구도 이전의 상황을 기억하지 못한다.

그렇게 빨리 날아갈 필요가 있을까?

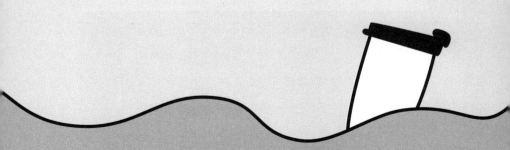

관광객은 자신이 찾던 것을 발견함으로써
그것을 파괴한다.

_한스 마그누스 엔첸스베르거 Hans Magnus Enzensberger, 시인

여행에서 모험의 흔적이 사라진 현실이야말로 우리 삶의 질적 하락을 말해주는 대표적 현상이 아닐까? 비행 중 맞닥뜨리는 최대 문제가 더 이상 공짜 땅콩을 받지 못하고 앞 좌석과 간격이 너무 짧다는 데 있다면, 이는 우리 문명의 현주소를 알리는 나쁜 징조임에 틀림없다.

"비행기가 두 시간 연착하더니 꼬박 한 시간을 더 활주로에서 대기했어요." 현대인들은 이 같은 성난 하소연으로 한때 용감한 성취이자 도전의 상징이었던 비행 경험을 묘사한다. 우리가 그사이 얼마나 현실과 동떨어진 세상에 살게 되었는지를 보여주는 생생한 사례다. 나 또한 예외가 아니다. 아직 늙은 나이는 아니지만, 비행기를 타는 게 특별한 경험이던 시절을 생생하게 기억한다. 그때만 해도 가급적 싼값에 비행기표를 구하려고 일찌감치 예약하곤 했다. 정해진 기간에 여행사 사무실이나 항공사 지점을 방문해 많은 돈을 내고 두꺼운 종이에 인쇄된 항공권을 받았다. 그 항공권을 보물인 양 소중히 보관하고 있다가 출발일이 되면 노련한 여행객들 사이에서 초보 여행자 티를 내며 바짝

긴장한 채 여행길에 올랐다. 지금이야 예약 앱을 두어 번 터치하면 점심 식사 가격으로 유럽의 하늘을 휘젓고 다닐 수 있지만 말이다.

요즘은 비행기에서 초보 여행자를 만나기가 쉽지 않다. 어쩌다 가끔 이륙할 때 긴장한 나머지 팔걸이를 꽉 붙잡거나, 신기한 듯 등받이 버튼을 만지작거리며 시답잖은 기내 잡지를 유심히 뒤적거리는 옆자리 승객이라도 만나면 ─적어도 나는─ 어느 정도 우월감이 섞인 동정심을 느낀다. 오히려 이 모든 것을 당연하게 받아들이지 않는 몇 안 되는 사람과 조우한 것을 지독한 행운으로 여기며 맞장구를 쳐줄 판인데 말이다. 이를테면 기내식을 먹을 때 감격에 겨운 나머지 로리오Loriot(독일의 유명 희극배우─옮긴이)의 유명한 말을 해보는 건 어떨까.

"공중을 날면서 따뜻한 음식을 먹는 건 인간만이 할 수 있는 일이다."

퇴폐적 사치가 된 비행기 여행

최근 나는 ─급한 일정 탓에─ 적어도 몇 시간 동안 여행의 모험적 성격을 되찾는 데 성공했다. 베를린에서 저녁 약속을 잡았는데, 이튿날 아침 11시에는 무조건 폴란드의 크라쿠프에 있어야 했다. 베를린과 크라쿠프 사이의 거리는 530킬로미터에 달한다. 친환경이라는 관점에서는 양심의 가책을 느꼈지만, 현대의 대도시 인간인 나로서는 급할 때 비행기를 타고 갈 만한 거리였다. 문제는 이른 아침이나 밤에는 직항이 없다는 것이었다. 바르샤바를 경유하는 비행기를 타면 제시간에 도착하기 어려울 것 같았다. 여기저기 검색한 결과, 다소 우려스러웠지만, 저가 장거리 버스인 '플릭스버스'로 심야 여행을 하는 것이 유일한 방법임을 알게 되었다. 자정 직전 초라한 베를린 중앙버스터미널을 출발해 아침 9시에 크라쿠프에 도착하는 여정이었다. 이 일정을 전해 들은 기자 친구 슈테판 메첸은 고소하다는 얼굴을 하고는 신이 나서 "유럽의 진짜 영웅들을 만나게 될 거야"라는 말을 남겼다. 슈테판은 몇 년 전부터 폴란드에 살고 있었다. "몇 푼 안 되는 돈을 받으며 가정부로 일하고 집을 지을 돈이나 가족들의 약값을 대려고 몇 주 동안 남편이며 자식과 떨어져 지내는 여성들, 독일에서의 냉대에 익숙해져 친절한 독일인을 만나면 아주 반가워하는 건설노동자들 같은 사람들이지."

　나처럼 편안함에 익숙한 바보들은 9시간 넘게 여행하면 지구 저편에 도착하는 게 보통이다. 하지만 이번에는 코트부스, 브로츠와프, 카토비체, 또 외딴 주유소 같은 경유지를 거쳐 비교적 가까운 크라쿠프로 가는 여행이었다. 물론 나는 뜬눈으로 밤을 새웠다. 첫째, 좌석이 불편했고, 둘째, 코트부스부터는 도로 사정이 급격히 나빠지면서 마치 칵테일을 만드는 셰이커에 들어간 것처럼 버스가 정신없이 흔들렸고, 셋째, 버스 안에서 들리는 대화들이 몹시 흥미로웠기 때문이다. 비행기는 말할 것도 없고 어떤 기차 여행에서도 심야 버스에서만큼의 연대감을 느끼기는 힘들다. 신문 뒤로 얼굴을 숨긴 비즈니스 여행객도, 심각하게 노트북 자판을 두들기며 바쁜 척하는 사람도 찾아보기 어렵다. 그 대신 정말로 슈테판이 귀띔한 대로 화물차의 덮개 천으로 만든 큼직한 쇼핑백을 소지한 부인이 앉아 있었다.

이런 여행의 승객들은 자기 자리에 가만히 앉아 있는 법이 없다. 공손하게 자기 소개를 한 뒤 무슨 일을 하는지, 어디로 가는지 말하고 서로 경험담을 나누며 밤새 수다를 떤다. 내 뒤에는 스웨덴에서 온 한 무리의 학생들이 앉아 있었다. 목적지가 아우슈비츠였던 그들은 옆자리의 우크라이나 여성을 향해 그럴싸하게 추파를 던지고 있었다. 그 여성은 말끝마다 베를린에 사는 남자 친구를 언급하며 스웨덴 학생들의 진지한 접근을 무사히 막아냈다. 직업이 뭐냐고 묻자 그녀는 선뜻 대답을 하지 못했는데, 독일에서 판매직으로 일하는 게 꿈이라는 정도로 얼버무렸다.

한참 시간이 지나자 담배 냄새를 짙게 풍기는 한 무리의 사내들이 친절한 얼굴로 집에서 가져온 소시지와 빵을 나눠주기 시작했다. 이런 마당에 잠을 잔다는 건 상상도 할 수 없는 일이었다. 형편없는 커피 대신 일말의 겸손함을 충전할 수 있는 여행을 오랜만에 경험한 것이다. 비행기를 탈 때 옆자리 승객들한테 가장 자주 듣는 소리는 '뻔뻔스럽군!', 또는 국제선이라면 '아웃레이저스!outrageous' 같은 말들이다. 이와 달리 플릭스버스에 몸을 싣고 폴란드로 향하는 야간 여행에서 유독 기억에 남는 말은 '지엥쿠예!Dziękuję(폴란드어로 '감사합니다' – 옮긴이)'였다.

크라쿠프에 도착했을 때 내 몰골이 좀비 같았다는 사실을 굳이 숨기지 않겠다. 하지만 유럽 땅을 가로지르는 여행에서 그 정도는 당연한 게 아닐까? 언제부터 우리는 편한 여행만 찾았을까? 돌아올 때는 폴란드 국영항공사 LOT의 쾌적한 비행편을 이용했다. 예상대로 연결 항공편의 출발은 지연되었고, 귀국길에서는 특별히 기억할 만한 경험을 하지 못했다. 경유한 바르샤바 공항은 몇 년 전만 해도 전형적인 동유럽 공항처럼 레닌식 바로크 양식으로 꾸며져 있었을 것이다. 하지만 지금은 스타벅스, 맥도날드, 대규모 면세점이 들어서면서 슈투트가르트나 오슬로 공항과 구분이 어려운 지경이었다.

나는 또다시 거드름 피우는 얼굴을 한 비즈니스 여행객 무리와 무례함이 일상화된 비행기 여행 단골들 사이에 휩쓸렸다. 후자로 말하자면 밀치며 나가는 것은 기본이고 출발 지연을 유엔이 보증한 인권 침해처럼 여기고, 본인의 언짢음을 항공사 승무원을 상대로 해소하는 것을 당연시하는 독특한 인간 유형이다. 오죽하면 런던 히스로 공항의 보안 출입문에는 '보안 게이트 내의 무례

한 행위와 직원에 대한 욕설을 금함'이라는 경고문이 따로 붙어 있을 정도다. 이런 표지판은 이 시대를 말해주는 징표로 충분하다. 단골항공여행객 시대의 종말을 알리는 전조로서 말이다.

비행 탑승 매너와 관련해 시간을 되돌릴 방법은 없을까? 최고로 이상적인 것은 꿈같은 팬암 여객기 시절로 돌아가는 것이리라. 최근 우연히 예전 팬암 광고를 본 적이 있다. 정말이지 비행기 여행은 그래야 한다! 장미 꽃병이 놓인 빳빳한 흰색 식탁보 앞에서 머리를 올린 푸른 유니폼의 승무원이 제공하는 서비스를 받는다면 얼마나 행복하겠는가. 우아한 차림의 여성들과 맵시 있는 양복을 빼입은 남성들이 좌석에서 신문을 읽는 장면도 빼놓으면 섭섭하다. 비행이 특별하던 시절, 비행기에 탑승할 때 입는 옷에 신경 쓰던 그 시절을 상기시키는 일이야말로 ─운동복 차림, 더 끔찍하게는 주요 부위가 도드라지는 핫팬츠 차림으로 돌아다니는 여행객들을 생각한다면─ 가장 시급한 기후 보호 조치의 하나가 아닐까? 심층 생태주의적 포스트성장론 경제학자인 니코 페히Niko Paech의 날카로운 지적대로 비행기 여행이야말로 일종의 퇴폐적인 사치다. 이런 면이 다시금 분명해져야 한다는 게 내 생각이다.

지금 같은 시대에 제정신이 있는 사람이라면 비행기를 타고 여행에 나서는 게 쉽지 않을 것이다. 그 주된 책임은 두 사람에게 있는데, 당연히 둘 다 영국인이다. 한 사람은 '신발 폭탄범' 리처드 레이드Richard Reid인데, 2001년 신발 밑창에 폭발물을 숨겨 몰래 기내에 반입하려고 했다. 덕분에 우리는 공항에서 겪는 비인도적인 보안 절차로도 모자라 신발까지 벗는 수모를 당하게 되었다. 또 다른 이는 존 머리John Murray이다. 1836년, 세계 최초의 여행안내 책자를 발간한 장본인이다. 오늘날 관광산업이라 불리는 골칫거리를 탄생시킨 선구자인 셈이다. 게다가 현재 아마존, 콰입Qype(유럽의 소비자 리뷰 앱 - 옮긴이), 우버 같은 앱에 필수로 탑재된 별점 리뷰를 생각해낸 인물이기도 하다. 그리하여 현대인은 모든 것을 ─아마도 조만간 모든 사람을─ 별점으로 평가하는 걸 당연하게 여기게 되었다.

관광여행보다 우아한, 사치의 포기

조직적인 관광산업이 탄생한 시점은 산업혁명기와 일치한다. 애초에 관광업은 프롤레타리아 계층이 북부 잉글랜드의 악취 나는 주거지와 공장을 탈출해 이동하는 현상을 이용한 것에서 비롯되었다. 물론 그전에도 상속 후계자의 동생으로 집안의 불필요한 존재인 데다가 성직자, 외교관, 군인으로서도 쓸모가 없는 무직의 영국 귀족들이 니커보커스 반바지 차림으로 그리스 신전 유적을 터벅터벅 다니는 광경이 목격되곤 했다. 하지만 관광의 대중화는 공업도시가 등장하고 이곳을 벗어나기를 바라는 심리를 상업적으로 이용하면서부터이다.

세계 최초의 관광사업가 토머스 쿡Thomas Cook은 원래 침례교 전도사이자 금주 운동가였는데, 취주악단 등을 곁들여 노동자들이 공업도시를 벗어나 시골로 소풍을 떠나는 행사를 주최하면서 사업을 시작했다. 신앙심이 깊었던 그의 주된 목적은 영국 프롤레타리아들을 몇 시간이라도 음주에서 떼어놓는 것이었다. 하지만 마요르카섬에 놀러 가 본 이들은 잘 알다시피 결국 실패한 프로젝트였다.

선의에서 탄생했으나 끔찍한 결과를 초래한, 토머스 쿡이 창업한 동명의 기업이 2019년에 파산한 사건은 심각하게 받아들여야 할 하나의 전환점이었을지도 모른다. 쿡이 사망한 1892년, 눈썰미 좋은 이들은 그가 대중관광산업이라는 일종의 괴물을 탄생시켰다는 사실을 감지했다. 런던의《더 타임스》는 사뭇 정중한 부고 기사를 실으면서도 "쿡의 기업이 안락한 여행만큼이나 판단력과 매너의 향상까지 보장해준다면 금상첨화일 것"이라는 거만한 투의 논평을 빠뜨리지 않았다.

말하자면 관광객이라는 새로운 유형의 인간이 등장하면서 딱한 괴물과도 같은 존재가 세상에 나타났다. 우리 집단의식 속에 관광객은 속물적인 인간, 무지한 얼간이의 대명사로 굳게 자리 잡고 있다. 풍자 영화의 고전인 〈독일어를 말하는 남자Man spricht deutsch〉(1988)에서 주인공 게르하르트 폴트Gerhard Polt가 연기한 멍청한 관광객을 능가하는 더 끔찍한 부류는 아마도 같은 영화에서 디터 힐데브란트Dieter Hildebrandt가 분한, 서투른 외국어로 잘난 체하며 엉뚱한 와인을 주문하는 이른바 외국 전문가가 유일할 것이다. 1950년대 초, 보수적인 문화평론가 게르하르트 네벨Gerhard Nebel은 관광객들을 거대한 박테리아 무리로 묘사하기도 했다. 그는 이렇게 진단한다.

> 서양의 관광여행은 거대한 허무주의적 운동의 하나로, 그 치명적인 영향만큼은 중동이나 동양의 전염병 못지않은 대대적인 서양 유행병의 하나이다. 소리 없이 음흉하다는 점에서는 오히려 그것들을 능가한다.

관광여행을 향한 비난은 어제오늘의 일이 아니다. 때 묻지 않은 것을 찾아 나선 뒤 정작 짓밟고 다니는 여행객들을 비웃는 것만큼 쉬운 일도 없다. 관광객에 대한 조롱에는 ―내가 천박하게 변한 비행기 여행을 비판할 때처럼― 뿌리 깊은 속물적 태도가, 어쩌면 추한 엘리트주의의 흔적마저 담겨 있을지 모른다. 1958년에 한스 마그누스 엔첸스베르크가 관광여행에 관해 쓴 글에 따르면, 이 같은 현상의 추한 면을 소리 높여 비판하는 것은 대체로 자신의 특권적 위치가 위협받거나 사라지는 데 대한 반응이다. "이는 여행이 자기나 비슷한 부류의 몫으로 남겨진 배타적인 것이어야 한다는 암묵적 요구다." 이미 1903년에 《과거 좋았던 시절의 여행 Reisen in der guten alten Zeit》이라는 제목의 책이 출간되기도 했다. 그 책에서 엔첸스베르크는 이런 구절을 찾아 인용한다.

> 40년 전만 해도 쾌적한 호텔은 있었지만 불쾌한 대중은 없었다.
> 당시 관광객들은 드물었고, 작금의 천박한 여행객 무리 따위는
> 찾아볼 수 없었다.

스노비즘 snobism (속물근성. 고상하거나 잘난 체하는 태도 – 옮긴이)이라는 비판은 뼈아프게 다가온다. 그렇다고 그 비판이 정당한 것일까? 스노비즘은 교육학상 의미심장한 기능을 하기도 한다. 사회적으로 바람직하고 특권층에서 일상화된 행동을 하위 계층에서 모방할 때 스노비즘은 득이 될 수도 있다. 가령 일 년에 두 차례 제트 여객기를 타고 세이셸 군도나 몰디브로 가는 것이 더는 선망의 대상이 되지 않고, 오히려 독일 중부의 울창한 하르츠 산지를 하이킹하거나 일주하는 것이 유행처럼 번진다면 기후도 기뻐할 것이다.

여행이 휴식과 무관하다는 이야기는 오래전부터 나돌았다. 해리어트 쾰러 Harriet Köhler가 《호텔 대신 집에 체크인합니다》라는 책에서 말하듯, 우리는 '페른베 Fernweh', 즉 먼 곳을 향한 향수를 달래고자 여행을 떠난다. 그런데 저자는 합성어 '페른베'에서

'슬픔'을 뜻하는 '베weh'를 강조하며, 여행이 결핍에 시달리는 이들을 위한 것이라고 말한다.

우리는 무엇보다 다른 삶을 동경한다. 겨울철 내복뿐만 아니라 일상까지 벗어던지기를 갈망한다. 우리를 자신에게서 멀어지게 하는 모든 게 이국의 태양 아래에서 녹아버리기를.

해리어트 퀼러에 따르면 일상의 자아를 벗어던지고 싶은 바람이 우리를 먼 곳으로 이끈다.

각자 안에는 파리지앵의 눈부신 매력이 숨어 있지 않은가? 그저 파리의 마레 지구를 거닐기만 하면 된다. 우리는 대도시의 코즈모폴리턴이 아닌가? 뉴욕으로 떠나자!

하지만 심미안이 뛰어나고 스스로 결핍된 인간이라고 느끼지 않기 때문에 낯선 도시라는 멋진 배경 없이도 눈부신 매력을 뽐낼 수 있음을 깨닫는 사람이 많아진다면 어떨까? 그럴 때는 여행을 옹호하는 논리도 맥을 추지 못할 것이다.

상위 1만 명의 욕구가 변하면 유행의 흐름도 변하고 결국 새로운 열망이 움튼다. 토머스 쿡이 2019년 파산한 이유에는 스노비즘에 무지한 경영진이 개별여행이라는 트렌드를 놓치고 시대에 뒤떨어진 관광업 개념에 얽매인 점도 있었다. 가령 현대의 부자들은 사치를 포기하는 것을 사치의 정점으로 여긴다. 그래서 아이슬란드나 노르웨이에서 트레킹을 하고, 캠핑 사파리에 도전하고, 탁 트인 하늘 밑에서 잠을 자고, 캐노피 앤 스타스Canopy & Stars 같은 힙한 여행사이트에서 예약 가능한, 원초적 생활을 흉내내는 경험을 하는 데 엄청난 돈을 지불한다. 반면 지갑이 얇은 계층에서 오히려 값비싼 호텔을 잡아 휴가를 보내는 일이 흔해졌다. 요즘 호화 호텔 앞에 여행사 버스가 서 있다면, 과거 이 호텔에 묵었던 고객들은 글래머러스 캠핑, 즉 '글램핑'에 나선다. 부유층은 간소함을 추구하고 서민들은 사치스러운 것을 찾는 만큼 없는 이들보다는 부자들에게 절제를 기대하는 것이 맞다는 주장도 나올 법하다. 마요르카섬으로 날아갈 권리는 푸른 초원 위의 빌라에 사는 사람보다는 허허벌판에서 사는 사람에게 더 많이 주어져야 한다.

여행을 떠나기 위해 사들이는 수상한 면죄부

열두 살 때 나는 누나랑 비행기를 타고 댈러스를 다녀와도 좋다는 허락을 받았고, 여행을 마치고 학교로 돌아오자 일약 미국 땅을 밟아본 소년이 되어 있었다. 지금이야 사람들의 의식 변화가 느껴지지만, 얼마 전까지만 해도 우리 아이들은 페루나 태국 여행에서 돌아온 반 친구들 사이에서 독일 국내의 보덴제에 다녀왔다는 이유만으로 연민 어린 눈빛을 받아야 했다.

언제부터 해외여행이 중부 유럽인이라면 마땅히 누려야 할 권리가 되었을까? 우리 집에서는 언제나 휴가 여행을 끔찍이도 속물적인 것으로 여겼다. '휴가'라는 개념 자체가 우리에게는 낯선 것이었다. 아버지는 독일어로 휴가를 뜻하는 '우어라우프Urlaub'가 '허락하다erlauben'에서 유래한 단어로, 원래는 교회 축제일을 제외하고 일 년 열두 달 묶여 있던 궁정을 벗어나도 좋다는 허락을 받는 것을 의미했다고 설명해주었다. 비록 아버지가 처음에는 수렵보호협회에서, 이후에는 사냥 잡지 편집장으로서 고용인 자격으로 근무하긴 했지만 '우어라우프'라는 단어에 담긴 노예 관계는 아버지의 자아상에 어울리지 않았다. 대신 우리는 '페리언Ferien(휴가 및 방학을 뜻함 — 옮긴이)'을 사용했다. 우리에게 그것은 아버지와 함께 사냥을 할 친척들을 방문하는 것을 뜻했다. 휴가철이 되면 나는 주로 숲이나 아름다운 티티 호수 근처 슈바르츠발트에 사는, 사랑하는 타타 종조모댁에 머물렀다. 훗날 비행기를 타고 떠난 이런저런 여행들보다 이런 휴가로부터 훨씬 더 많은 아름다운 추억을 얻을 수 있었다.

독일인들이 해마다 1인당 평균 8톤의 이산화탄소를 배출하고(아프리카인은 1인당 0.9톤) 뮌헨과 뉴욕 간의 비행만으로 2.5톤의 이산화탄소가 발생한다는 게 사실이라면, 비행기 여행은 바보 또는 백만장자만 지불할 수 있을 정도로 비싸져야 마땅하다. 그 비행기에는 미니 골프를 즐기고 월풀 욕조(공기 방울이 나오는 욕조)에 몸을 담근 채 쉴 수 있을 만큼 호화롭게 꾸민 일등석과 비즈니스클래스로 명명된 이등석이 있을 것이다. 이등석도 결코 싸지 않지만 라이언에어의 비행기처럼 다닥다닥 붙은 좌석에다 서비스도 파렴치한 수준으로 제공될 것이다. 그럼 비즈니스 여행객들은 상사에게 대들며 국제회의를 화상회의로 대체하라고 목소리를 높일 게 뻔하다. 아니면 관광객용 좌석을 따로 만들면 어떨까? 마찬가지로 마냥 저렴하지만은 않은, 고집이 유별나 비행기 여행을 절대 포기하지 못하는 부류를 위한 좌석이다. 단 안전벨트를 맨 채 서서 타야 한다.

저가 비행 옹호자들은 민주적이고 평등한 측면을 강조한다. 하지만 이런 여행에서 중시되는 것은 시야를 넓혀주는 경험이 아니다. 그보다는 영국인 맥주 관광객들처럼 슬로베니아의 수도 류블랴나 또는 에스토니아의 탈린에서 총각파티를 열 수 있다는 사실이 중요하다. 이들이 버밍엄에 있어야 한다면 그야말로 축복이 아닐까?

미래에 극소수만 비행기로 여행을 떠날 수 있다면 그건 과연 나쁜 일일까? 이런 게 엘리트주의적 발상이라고 주장하는 이들이 간과하는 점이 있다. 바로 저소득층들도 해외로 여행을 떠날

수 있도록 요금이 낮아야 한다는 요구를 개발도상국 주민들에게
도 똑같이 적용해야 한다는 것이다. 전 세계적으로 보아 애초에
비행기 여행이 선택지로 주어진다는 것은 특권을 누리는 소수에
게만 해당하는 이야기이다. 세계 인구 중 일 년에 한 차례 이상
비행기를 타는 경우는 3퍼센트에 불과하다.

　내가 뮌헨에서 뉴욕까지 비행기로 날아갈 때 평균적인 아프
리카인이 일 년간 소비하고 생활하면서 내보내는 것보다 2배나
더 많은 탄소가 배출된다. 독일에서는 매일 6만 5,000명의 승객
이 비행기로 도시에서 도시로 이동하고, 2019년에는 4,710만 명
이상이 국내 여행에서 항공편을 선택했다. 그 대다수는 쓰레기
분리수거에 열심이고 그레타 툰베리에게 호감을 품고 있을 것이
다. 그들은 국내선 비행기를 단 한 차례 이용했을 뿐인데 ―베를
린과 뮌헨 간 비행에서 약 122킬로그램의 이산화탄소가 발생한다― 다회
용 컵 사용, 자전거 타기, 지역 제품 구매 및 LED 전구 사용 등으
로 달성한 탄소 감소가 일시에 물거품이 된다는 사실을 알고 있
을까? 생태 비용과 견주면 비행기를 탐으로써 얻은 시간 절약은
비교가 안 될 만큼 미미하다. 뮌헨이나 함부르크에서 프랑크푸
르트까지 가는 비행기를 타는 승객은 ―공항에 도착하고 출발하는
과정, 줄서기, 기타 수고로움 등을 고려하더라도― 최대 60분을 절약한
다. 대신 13배나 많은 탄소를 배출한다(유황 및 검댕 입자 같은 물질
은 빼놓고 말이다).

이러니 우선 주변 거점 공항과 연결되는 지선 항공은 제외하고 독일 국내를 다니는 모든 항공편을 중단시키는 일이 시급하다. 독일 교통협회의 미하엘 뮐러 괴르너트Michael Müller-Görnert에 따르면 기반 시설을 새로 만들지 않더라도 당장 15만 편의 국내선 비행을 쉽게 대체할 수 있다.

베를린 신공항BER이 언제 완공될지 모르는 현 상황 속에는 (2006년 착공해 2011년 완공 예정이었으나 9년의 지연 끝에 2020년 지각 개장했다 – 옮긴이) 어떤 깊은 뜻이 숨어 있지 않을까? 공항 스스로 자신이 쓸데없는 존재임을 알고 있지 않았을까? 잠시 기억을 더듬어보자. 베를린 신공항 계획과 건설은 독일에 새로 거대한 공항이 필요했기 때문이 아니다. 프랑크푸르트 · 뮌헨 · 취리히 · 빈 · 암스테르담 공항에서 보듯이 중부 유럽은 교통 전략적 측면에서 최소 두 곳의 거점 공항을 과다 보유 중이다. 군소 공항들은 직항편을 포기하고 최대 세 곳의 거점 공항과 연결된 지선 공항 역할만 하는 것이 교통공학 측면에서도 훨씬 효율적이다. 베를린 신공항을 건설한 것은 독일 수도의 체면상 거대 공항을 보유해야 한다는 정치인들의 판단 때문이다. 따라서 당장 철거해 그 잔해물로 잘못된 교통정책을 경고하는 기념물을 세우거나, 새로 지은 공항을 프랑크푸르트, 뮌헨, 바르샤바 등지로 연결되는 지방 공항으로 강등시켜야 한다. 파더보른Pader born(독일 중서부에 위치한 인국 15만여 명의 도시 – 옮긴이)보다 큰 규모의 도시에 고유의

'인터내셔널 에어포트'가 필요하다는 생각은 철 지난 망상이다. 여전히 항공교통에 쏟아붓는 보조금도 마찬가지다.

항공 로비를 펼치는 쪽에서는 비행 금지 조치나 정당한 세금을 피하고자 '오프셋offset'이라고도 하는 마법의 단어 '탄소 상쇄'를 들먹이곤 한다. 그 취지는 비행마다 발생하는 탄소 배출량 1톤당 추가 요금을 매겨 이 돈을 아트모스페어Atmosfair(항공 여행 등에서 배출되는 온실가스에 대한 탄소 상쇄 프로그램을 운영하는 독일의 비영리단체 - 옮긴이)나 마이클라이밋Myclimate(기후보호 프로젝트를 지원하는 스위스 기반의 비영리단체 - 옮긴이) 같은 비영리단체에 전달해 제3세계 기후 보호 프로젝트를 지원한다는 것이다. 문제는 이 기부금이 어떻게 쓰이는지 일일이 확인이 어려운 데다 이 같은 프로젝트의 대다수가 무의미하다는 점이다. 특히 열대우림의 벌목을 막기 위한 프로젝트들이 비판을 받는데, 장소만 바꿔 벌목을 계속하는 일이 허다하기 때문이다. 예약할 때 마우스 클릭 한 번으로 자발적으로 지불하는, 비행기 티켓 값을 상승시키는 그 기부금은 인증서 거래라는 번창하는 신흥 사업 분야에 자금을 대주고 있다. 이는 양심의 가책을 느끼는 우리 덕분에 일부 약삭빠른 장사꾼들이 삽시간에 갑부가 된다는 것을 뜻한다.

탄소 상쇄라는 도덕적으로 수상한 면죄부를 사는 꼴이다. 그 목적은 높은 구매력을 가진 인간의 양심을 달래는 데에 있다. 이제 사람들은 전처럼 끊임없이 세계 곳곳을 제트기로 돌아다닐 수 있다. 면죄부를 산 사람들은 가벼운 마음으로 서둘러 카리브 해로 떠나는 다음 비행편을 예약한다. 아트모스페어 같은 단체들은 문명적 전환을 이끌어내기보다는 부유층의 잦은 제트기 여행에 사회적 면죄부를 발행한다. 이런 논리라면 레오나르도 디카프리오처럼 헬리콥터나 호화 요트만으로 이동해도 아무 문제가 없을 것이다. 우림 한 조각을 사들이면 그만이기 때문이다.

미국 시사주간지 《타임》의 한 칼럼니스트는 상쇄 비용을 내는 원칙을 일상의 다른 분야로 확대하자는 제안을 한다. 그렇게 되면 나쁜 부모에 대한 '상쇄'도 불가능한 일만은 아니다. 자녀를 때릴 때마다 아동보호 프로젝트에 몇 유로씩 기부함으로써 구타를 상쇄하기 때문이다. 유머 넘치는 어느 영국인 둘은 '오프셋'이 얼마나 어처구니없는 전략인지 보여주고자 외도를 상쇄해주는 인터넷 사이트 www.cheatneutral.com을 개설하기도 했다. 몇 유로만 이체하면 양심의 거리낌 없이 계속 바람을 피울 수 있도록 한 것이다. 이체한 돈이 부부 상담이나 성실한 배우자 관계를 장려하는 프로젝트에 투자된다는 사실을 알기 때문이다.

지구에 미안하지 않은 여행을 하는 방법

팬암 시절로 되돌아가는 흐뭇한 상상에 빠지거나 '오프셋' 같은 엉뚱한 아이디어를 내놓는 것 외에 걸핏하면 비행기를 타고픈 충동을 억누를 현실적 방법은 무엇일까? 독일에서만 20년 사이에 승객 수가 2배나 늘고, 같은 시기 독일에서 해외로 떠나는 항공 여행이 3배 넘게 증가한 상황에서 말이다.

내가 찾은 가장 구체적 방법은, 지금 당장 공항의 이착륙 횟수와 승객수를 제한하자는 독일 환경학자 미하엘 코파츠Michael Kopatz의 제안이다. "그 목표는 항공교통을 현재 수준으로 묶어놓는 것이다." 그럼 비행기의 에너지 효율성을 높이고 문제 많은 국내선 항공을 중단시킴으로써 항공교통에서 배출한 온실가스를 단기간에 확 줄일 수 있을 것이다.

성장비판론자인 니코 페히에 따르면 더 중요한 것은 개개인과 사회 전체가 문화적 변화를 거치는 일이다. 페히는 이렇게 말한다.

지금까지의 모든 정치적 변화는 그 전에 사회 속에서 서서히 싹트고 자란 과정을 거쳤으며, 선구자들이 솔선수범한 것을 나중에 사람들이 따라 한 결과다.
모든 일은 늘 소소하게 시작되는데, 이를 수평적 복제 또는 사회적 확산이라고 한다.

새로운 문화 관행은 인간적 교류, 가시화, 대결, 모방 등을 통해 언젠가 유행으로 번지고 이때 비로소 정치권에서도 반응을 보인다. 폐히는 "정치적 다수결에 기대를 거는 것은 바람직한 길이 아니다. 오히려 정치가 변하려면 **우리** 스스로가 변해야 한다"고 재차 강조한다. 결국 의식의 변화를 이끌어내는 일은 정치가 아닌 문화적 과제이며, 우리 개개인에게 중요한 역할이 주어진다. 우리, 다시 말해 책을 읽고 적절한 옷을 갖춰 입고 나이프와 포크로 식사하는 부류에 속하는 우리가 솔선수범하지 않는다면 누가 그런단 말인가?

여행은 인간의 당연한 권리가 아니다. 과거 귀족과 농부에게 여행이란 완전히 낯선 것이었다. 상인과 성직자, 도둑처럼 불가피한 사정에 있던 이들이 여행을 떠났다. 유발 하라리가《사피엔스》에서 지적하듯, 고대 이집트의 부자는 아내와의 관계에 문제가 생기면 바빌론으로 낭만적 여행을 떠날 생각을 결코 못 했을 것이다. 그보다는 아내가 바라던 아름다운 무덤을 세워 주었을지 모른다. 물론 앞으로도 여행은 계속 되어야 한다. 다만 '슬로우 트래블slow travel' 운동에서 권하듯 서두르지 않는, 목적지에 도달하는 것만이 아니라 가는 과정도 느긋하게 즐기는 예전의 여행이 가진 의미에서 말이다. 물론 최근에 한 동료의 집안에서 일어난 것처럼, 그레타 툰베리한테 자극받은 아이들이 비행기 타기를 거부하며 교환학생 참여를 거부한 것은 어처구니없는 일이다. 지평을 넓혀주는 여행은 필수에 가깝다. 하지만 쇼핑하거나 파티를 벌이려고 제트기를 타고 유럽을 날아다니거나, 흔들거리는 그물침대에 누운 채 아이폰으로 독일에서 온 뉴스와 이메일을 확인하려고 매년 한두 차례 지구 반대편으로 날아가는 것은 말도 안 되는 일이다.

우리 시대에 환경에 대한 책임감을 느끼면서 여행하는 방법을 찾던 나는 '후회 없는 여행'이라는 특집을 다룬 《디차이트Die Zeit》의 타이틀 기사를 접했다. 이 책에서 인용한 여러 자료와 사실들도 그 기사의 도움을 받은 바가 크다. 그런데 그 훌륭한 기사보다 더 유익했던 것은 일주일 뒤 실린 독자들의 편지였는데, 그 중에서도 가장 뛰어난 혜안을 보여준 것은 빈프리트 크레치머라는 한 남성의 글이었다. 그 글에는 그림 형제의 친구였던 본 출신 시인 카를 짐로크Karl Simrock의 다음과 같은 시 구절이 들어 있었다.

로마와 아테네, 라플란드에서
우리는 구석구석 살펴보기 바쁘다네
허나 정작 우리 조국에서는
눈 뜬 장님처럼 더듬거리며 돌아다니는구나

나는 다음 여행은 독일 라인란트 지역으로 떠나기로 결심했다. 기차를 타고서.

지구를 생각해서 에코백 하나를 더 사야 할까?

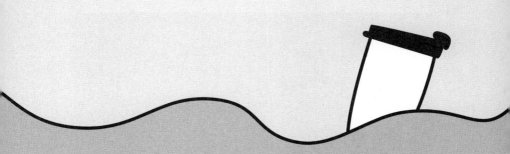

우아함은 거절이다.

_코코 샤넬

좌파들이야말로 종종 그 누구보다 고상한 척하기 좋아하는 속물이다. 가령 1960년대 초 하인리히 뵐Heinrich Böll(진보 좌파 성향의 소설가이자 지식인 – 옮긴이)은 독일인들의 세련되지 못한 스타일 감각을 비꼬는 에세이를 썼다.

> 독일의 속물들은 처음부터 딱한 상황에 처해 있다. (왜냐하면) 본보기가 없기 때문이다. … 보잘것없는 사회는 보잘것없는 속물을 배출한다.

가혹하기 짝이 없는 평가다. 나라면 차마 이런 표현을 쓰지 못했을 것이다. 그런데 이게 전부가 아니다.

> 독일의 속물은 필연적으로 애처로운 모습을 띨 수밖에 없다. 자기 모습을 비춰보려고 거울을 보면 늘 뿌옇기 때문이다. 부엌이 김으로 꽉 차 있는 것이다.

특히 어려운 부분은 옷이다.

의류업계는 대부분 속물스러운 옷만 만든다. 부득이하게 그 옷을 입어야 할 사람에게는 어울리지 않는 옷을 말이다. 트위드 재킷을 입은 거대한 '젠틀맨' 집단이 우리 거리와 자동차, 기차에 득실득실하다. 그 속에서 '젠틀맨'처럼 보이려면 어떻게 해야 한단 말인가? 흠잡을 데 없는 (또 흠잡을 데 없는 족보를 가진) 슈미츠라는 이름을 가진 고등학생은 파이프라인 백작 38세처럼 보이고, 파이프라인 백작 38세는 공연히 (그는 속물이므로) 카를 슈미츠처럼 보이려고 애쓴다. … 의류업계에서는 단정치 못한 옷들을 생산해 판매대 밑에 숨겨놓고 암시장 가격으로 팔려고 할지도 모른다. 지워지지 않는 마모 자국이 뚜렷하고 닳지 않는 천으로 만든 바지, 세탁 후에도 없어지지 않는 얼룩으로 가득한 셔츠 따위의 옷들을 말이다.

마크 제이콥스의 헌 옷 수거함 컬렉션

빌이 반어적으로 말한 것들은 일찌감치 현실이 되었다. 이와 관련해 1992년 11월 3일은 패션사의 중요한 날로 기록된다. 당시 25세였던 디자이너 마크 제이콥스Marc Jacobs의 패션쇼가 뉴욕 페리 엘리스 쇼룸에서 열렸다. 이날 크리스티 털링턴, 나오미 캠벨 같은 슈퍼모델들이 끈 없는 편안한 닥터마틴 신발과 의상을 걸치고 런웨이 위를 경쾌하게 걸어갔다. 모델들은 불쾌한 악취마저 풍길 듯한 헌옷더미에서 막 나온 것처럼 보였다. 여기에 펑크 밴드 엘세븐L7의 〈우리 죽은 척하다Pretend We're Dead〉가 울려퍼졌다. 이날을 기해 '그런지grunge' 스타일이 마침내 메인스트림에 합류했다. "그들은 약간 패션에 무관심해 보인다.' 모델들이 걸어올 때 겉모습에 전혀 개의치 않는 듯 보여야 했다'고 마크 제이콥스가 아연실색한 《뉴욕타임스》 패션 담당 기자에게 설명했다.

평론가들은 격노했다. 파리 《헤럴드트리뷴》의 전설적인 패션기자 수지 멘키스Suzy Menkes는 마크 제이콥스를 겨냥해 본격적으로 반대 캠페인을 벌였다. 그녀는 추함을 강조하는 옷을 하이패션으로 팔아치우려는 의도를 뻔뻔스러움의 극치이자 업계 전반과 장인들의 노력에 대한 조롱으로 받아들였다. 뉴욕에서는 마크 제이콥스의 패션쇼가 어설픈 농담으로 기획되었다고 믿기도 했는데, 그가 얼마나 독한 마약을 복용했으면 그런 자살골이나 다름없는 시도를 서슴지 않았을까 하는 억측까지 나돌았다.

쇼가 끝나자 마크 제이콥스는 마음에 드는 옷 몇 벌을 자기 스타일에 영감을 준 커트 코베인과 코트니 러브에게 보냈다. 코트니 러브는 몇 년 뒤 어느 인터뷰에서 여전히 당시의 기억이 주는 공포와 충격에 몸서리치며 이렇게 회고했다. 소포를 뜯은 두 사람은 엄숙하게 내용물을 불태웠는데, "펑크족인 우리는 어떤 종류든 패션디자이너의 옷이라면 혐오했다". 그런데 마크 제이콥스의 그런지 컬렉션은 코베인-러브 듀오만이 아니라 시애틀의 얼터너티브 록밴드로부터도 영감을 받은 것이었다. 펄 잼Pearl Jam과 머드허니Mudhoney 같은 밴드는 기성세대의 부풀린 패션 자부심을 피상적이고 혐오스러운 것으로 여기며 일종의 '시민불복종' 행위로서 최대한 낡고 해진 옷을 입으려고 했다. 때로는 헌옷 수거함에서 금방 꺼낸 듯한 옷을 입고 돌아다니기도 했다. 커트 코베인 같은 이들에게는 자신들의 '뭘 입든 난 상관없다는 식의 룩'이 느닷없이 1,000달러짜리 가격표가 붙은 채 백화점 등에서 팔린다는 사실이 황당무계했을 것이다.

《보그》편집장 안나 윈투어Anna Wintour는 그 시절을 떠올리며 "깡마른 몸매는 내 취향과 멀었다. 이는 시대정신과 관련이 있었는데 경제위기와 암담한 세계 상황에 대한 반응이었다"고 말한다. 《워싱턴포스트》의 패션비평가로서 수도 워싱턴 사교계의 귀부인들 사이에서 교사 역할을 하며 마크 제이콥스를 맹비난했던 캐시 호린Cathy Horyn은 오늘날 자신의 가혹한 판결을 후회 중이다. 그녀는 당시를 떠올리며 마크 제이콥스의 패션쇼가 럭셔리 브랜드 발전 과정에서 하나의 중요한 사건이었다고 진지하게 평가한다. 나아가 패션사의 자랑스러운 전통을 이루는 한순간이었다고 덧붙인다.

위대한 이브 생로랑Yves Saint Laurent도 1971년에 열린 오트쿠튀르 패션쇼에서 친구들의 멋진 중고 옷에서 영감을 얻어 디자인한 의상을 런웨이에 올림으로써 일대 파란을 불러일으킨 바 있다. 훗날 해고된 디올의 괴짜 디자이너 존 갈리아노John Galliano가 노숙자들에게서 영감을 받은 옷을 모델들에게 입혔던 전설적인 '호보Hobo' 쇼는 또 어떤가. 이처럼 그 후 나타난 패션계의 도발적인 순간들은 페리 엘리스 쇼룸의 그날 저녁이 없었더라면 상상하기 어려웠을 것이다. 캐시 호린은 1992년 11월 3일이야말로 '대안적 미'와 '반反럭셔리'의 이상이 탄생한 순간이었다고 고백한다.

마크 제이콥스의 컬렉션에 문제가 없었던 것은 아니다. 커트 코베인이 그가 보낸 옷을 엄숙한 의식을 치르듯 불태운 것도 놀라운 일만은 아니었다. 그의 컬렉션은 너무 진정성이 없고 쿨함이 부족했다. 헌 옷 수거함에서 끄집어낸 듯한 옷을 입고 돌아다니는 것이 멋지다면 비싼 라벨을 달 것이 아니라 기부된 헌 옷가지에서 골라 입는 편이 더 낫지 않을까? '마크 제이콥스'라는 라벨이 진정한 그런지 패션의 명예를 실추시킨 격이었다. 하위문화가 고급문화로 변신하는 순간 하위문화에 숨어 있던 저항의 가시도 사라진다. 1993년 남성지《디테일스Details》편집장이었던 제임스 트루먼James Truman은 이렇게 요약했다.

그런지 현상은 한번도 반反패션이었던 적이 없었고 오히려 비非 패션이었다! 안티 패션은 펑크였다. 확실히 메시지가 있었다. 그 런 의도를 포기한 그런지가 돌연 의견을 표명하는 것처럼 둔갑한 다면 더더욱 이상한 일이다.

뉴욕 7번가의 그날 밤 사건 이후 30여 년이 지난 지금, 마크 제이콥스가 선구자였다는 사실에는 의심의 여지가 없다. 프라 다 같은 브랜드들이 그를 따라 했을 뿐만 아니라 소비자들의 사 고방식도 바뀌기 시작했다. 돈이 많을수록 아무렇지 않게 옷을 입는 경향이 두드러졌다. 유별나게 캐주얼한 스타일의 옷이 높 은 사회적 지위를 알리는 상징이라는 생각도 널리 퍼졌다. 오늘 날 빈틈없이 멋을 부리고 다닐 수 있는 것은 부유한 동유럽 여성 들뿐이다. 1950~1960년대를 풍미한 핀업스타 조안 콜린스Joan Collins 같은 타입은 자취를 감췄다. 눈에 띄게 빼입는 스타일도 이 제 한물갔다. 신경 안 쓴 듯이 비치는 것, 옷장에서 아무렇게나 꺼낸 듯하면서도 보이지 않는 탁월한 감각의 손길이 느껴지고 요술처럼 우아하게 보이는 것이 훌륭한 스타일의 철칙이 된 지 오래다. 값비싼 브랜드 옷을 입는 것은 상류 사회에서 패션 결례 로 여겨지는데, 예외적으로 값싼 옷, 특히 중고 의류와 우연처럼 조합해 입는 것은 허용된다.

럭셔리 친환경 백화점에서 행복한 쇼핑을

내 소중한 옷들은 대부분 물려받은 것이다. 헝가리 삼촌에게 얻은 근사한 벨벳 턱시도도 마찬가지다. 1930년대에 맞춘 그 옷은 진작에 벨벳 천이 여기저기 해졌다. 이 옷은 특별한 가족 모임에서만 입는다. 내가 제일 아끼는 셔츠는 벌써 옷깃과 소매가 닳아버렸다. 이제는 더 이상—어쩌면 양말 외에는— 새 옷을 사 입지 않는 나로서는 쇼핑과 관련해 조언할 처지가 못 된다. 어느덧 나는 남자로서 필요한 옷은 충분히 갖추고 있어야 할 나이가 되었다. 어디서 빈티지 옷을 구할 수 있을지 여러분도 잘 알고 있으리라 생각한다(궁금하다면 말미의 용어 설명을 참조하길 바란다). 그런데 내가 진심으로 권하는 것은 옷 교환이다. 좋아하는 상대방이 걸쳤던 옷을 입는다는 것은 아름다운 우정의 끈을 이어가는 일이나 마찬가지다. 누군가 입었던 옷은 저만의 고유한 가치를 지니며 눈에 보이지 않는 사연을 담고 있다. 누가 입었는지 모르는 중고 의류 가게에 있던 것이라도 그 옷을 입고 다니면서 느끼는 매력은 훨씬 크기 마련이다. 오래된 건물도 비슷하다. 중요한 건 나만의 스타일을 찾는 것이다. 그리고 하이코 마스Heiko Maas(독일 사민당 정치인으로 외무장관을 지냈다–옮긴이)처럼 방금 백화점에서 나와 미처 가격표를 떼지 못한 듯한 패션보다는 오래된 옷을 입었을 때 스타일도 더 살아난다.

물론 럭셔리 패션업계에서도 새로운 옷들로 시장을 채우는 사업모델이 구시대적이라는 사실을 이미 눈치챘다. 비판적 소비가 시대정신으로 떠오르며 누구보다도 패션업계가 큰 타격을 입고 있다. 패션업계야말로 시대정신을 앞서가고자 하면서도 소비의 즐거움과 쏟아지는 신제품에 대한 기대감에서 존재 기반을 찾고 있기 때문이다. 마케팅 전략가들은 일시적 대응책으로 '그린 워싱Green washing', 다시 말해 요란한 홍보와 함께 환경보호 대책을 내놓았다. 케링 그룹(구찌, 입생로랑)이나 버버리 그룹 같은 대기업들은 '지속가능성'이란 목표를 정해 스스로를 그럴듯하게 치장하고, 푸마는 자체 공장과 하청업체에서 발생한 환경비용을 공개했다. 또 아웃도어 브랜드인 파타고니아는 고객의 해진 옷을 수선해주는 서비스를 시작했다.

　　하지만 이런 방침들이 곧 광고 책략에 불과한 임시변통임을 기업들도 잘 알고 있다. 파리의 갤러리 라파예트 같은 고급백화점에서는 한 층 전체를 '녹색층'으로 정해 친환경 제품만 진열해놓는가 하면, '패션을 바꾸자Changeons de mode'는 캠페인 아래 옷장 구석에 처박힌 옷을 꺼내 인스타그램에 소개함으로써 옷을 돌려 입는 습관을 재발견하자고 호소한다. 훌륭한 시도지만 결국 마케팅의 일환일 뿐이다. '패션을 바꾸자'라는 말을 정말로 진지하게 받아들인다면 유명한 유리 돔과 7층에 걸쳐 총 7만 제곱미터의 판매 면적을 자랑하는 소비 궁전 갤러리 라파예트는 심각한 문제에 직면할 게 뻔하다. 만일 갤러리 라파예트를 비롯한 패션업계에서 그린 워싱 대신 '그린 액션Green Action'을 실천한다면 이는 곧 이들의 사업모델이 끝장남을 뜻한다. 패션이란 끝없이 새로운, 그리하여 결국에는 과도한 소비에 기반하기 때문이다. 따라서 실제로 노선을 바꾼다는 것은 세계 주요 산업 분야가 사라진다는 뜻이 된다(《이코노미스트》에 따르면 2019년 전 세계 의류 판매액은 2조 달러에 이른다).

패스트패션이 일으키는 참을 수 없는 소유욕

그런데 전 세계 의류 판매액은 대부분 럭셔리 의류가 아닌 패스트패션 업계의 몫이다. 1980년대 이후 독일에서만 패션 소비가 5배 증가했고 생산주기도 점점 짧아졌다. 세계 최대 의류 기업인 인디텍스의 자회사인 자라와 마시모두티 또는 H&M(세계시장 2위) 같은 브랜드에서는 봄/여름ss과 가을/겨울FW이라는 전통적인 시즌제에서 벗어나 최대 50차례의 마이크로 시즌을 적용하며 끝없이 새로운 물량을 시장에 투입한다.

　　패스트패션 업계를 옹호하는 논리로 흔히 제시되는 것은 ―항공 여행처럼― 패션의 민주화를 이끌어냈다는 주장이다. 덕분에 저소득층도 취향껏 옷을 차려입을 수 있게 되었다는 것이다. 실제로 지갑이 얇은(스마트폰 결제가 없었던 과거에는 이렇게 표현했다) 계층을 포함해 점점 많은 소비자가 오늘날 근사한 옷을 사입는 호사를 누리게 되었다. 그런데 이런 변화가 실속이 있으려면 옷을 살 때마다 하나씩 꼼꼼히 따져보던 과거에 비해 옷에 지출하는 금액이 줄어들어야 한다. 하지만 현실은 달라 보인다. 패스트패션계의 가격정책 탓에 저가 부문의 고객들은 의류 구입에 전보다 더 많은 돈을 지출한다. 판매량은 늘었지만 판매되는 제품의 품질은 떨어지면서 기껏해야 두세 번 입으면 끝이다. 옷은 한번 쓰고 버리는 일회용품으로 전락한다. 전 세계에서 매년 180억 벌 이상의 옷이 만들어지는데 대부분(60퍼센트 이상) 일 년도 못 가 쓰레기 매립지로 직행한다. 일 년에 평균 다섯 벌의 옷을 사 입는 독일인들은 자기 옷 가운데 20퍼센트 정도만 실제로 입으며, 그 결과 매년 약 10억 톤의 쓰레기를 내놓고 있다.

옷은 이제 별 값어치 없는 물건 취급을 받고 있다. 1980년대만 해도 최소 100유로 이상을 지불했을 검은색 새 옷을 12유로에 구매한 소비자는 한 번만 입고도 옷이 낡았다고 여기기 쉽다. 소셜미디어에서 끊임없이 자신을 드러내는 경향은 구매욕을 한층 자극한다. "주말에 결혼식에 초대받았어. 옷을 한 벌 더 사야겠어." 최근 한 동료 여성이 퇴근 직전 한숨을 내쉬며 한 말이다. "지난주에 파티가 있다고 새 옷을 샀잖아"라고 응수하자 이런 대답이 돌아왔다. "어떻게 그걸 또 입어. 다들 그 옷을 입은 사진을 인스타그램에서 봤는데." 이렇게 해서 소비자들은 이른바 '행동과 태도의 간극attitude behaviour gap'이라는 현상에 빠진다. 즉 환경과 기후 보호의 중요성을 깨닫고 패스트패션이 생태학적으로 얼마나 문제가 많은지 잘 알지만, 오늘 밤에는 파티가 있고 맞은편에는 반짝이는 멋진 드레스가 10유로라는 가격표를 단 채 걸려 있다.

우리의 이런 행동이 뭘 뜻하는지 모르던 시절은 지났다. 자원 낭비, 환경오염, 과도한 화학물질 사용 및 물 소비와 관련해 패션업계가 핵심 주범 중 하나라는 이야기가 이미 널리 알려졌다. 의류업계가 탄소 배출의 최선두에 서 있다는 것도 공공연한 사실이다. 《이코노미스트》에 따르면 탄소 배출량에서 패션업계의 비중은 연간 120억 톤 이상으로, 국제 항공교통과 상선 운행을 통틀어 발생한 수치보다도 더 많다. 기업컨설팅 회사 맥킨지(그린피스가 아님!)의 계산에 따르면 의류 1킬로그램어치를 생산하는 데 평균 23킬로그램의 이산화탄소가 배출된다. 한 번 신고 버리려고 양말을 살 때마다 북극 얼음 한 조각을 지불하는 셈이다.

10유로 가격표를 달고 쇼핑거리에 도착해 일회용품으로 생을 마감하는 한 장의 티셔츠를 만드는 데 5,000리터에 달하는 물이 소비된다. 패션업계는 높은 매출을 유지하기 위해 더 빠르고 저렴한 생산방식을 택할 수밖에 없는데, 천연 원단에 비해 값이 싼 폴리에스테르 같은 합성섬유는 결국 화학물질의 사용을 늘리는 결과로 이어진다.

답은 간단하다, 적게 구매하라

그런 패션업계를 향해 손가락질하며 디퓨저 스틱 향이 코를 찌르는 공정무역 가게에서만 옷을 사 입는 사람들이 있다. 하지만 이는 사안을 너무 단순하게 바라보는 것이다. 가령 H&M은 자사 제품에서 건강과 환경에 해로운 화학물질을 금지하기 시작했다. 심지어 '메이드 인 방글라데시' 라벨이 붙은 바지를 자주 입는다면 자부심을 가져도 좋다. 방글라데시에서 오랫동안 독일 대사로 지낸 지인이 최근 설득력 있는 이유를 들려주었다. 서구권 국가의 의류공장들이 수십 년 동안 선의로 이루어진 원조 정책보다훨씬 긍정적인 영향을 방글라데시에 끼쳤다. 서구의 노동자 보호정책과 노동권을 얼마 전까지만 해도 그런 권리를 몰랐던 나라들에 수출한 것이다. 특히 여성들이 소득 증가 혜택을 톡톡히 누렸는데, 합리적 가계 관리에 능한 여성들이 아동, 교육, 건강 관리등에 지출을 늘린 덕에 지역 전체가 큰 변화를 맞이했다.

따라서 패션업계 전체를 싸잡아 환경범죄자로 몰아가는 것은 불공평하다. 저임금 국가에서 노동자를 착취한다고 의류업계를 비난하는 것도 잘 모르고 하는 소리다. 실상은 훨씬 복잡하면서도 동시에 아주 간단하다. 팔리는 만큼 제품도 생산하는 법이다. 인디텍스 같은 대기업은 필요한 물량만큼만 생산하도록 하청업체를 직접 통제할 수 있다. 사실상 온디맨드On-Demand, 즉 수요 중심으로 의류를 생산하는 자라와 H&M은 각 라인의 수요에 맞춰 생산을 조정한다. 그러니 원리는 간단하다. 우리가 적게 구매할수록 생산도 줄어들게 마련이다.

썩어 없어지는
아이폰을
만들 순 없을까?

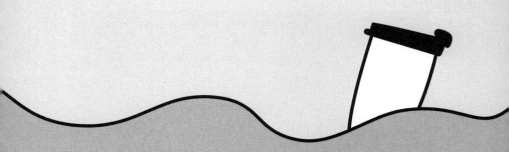

하이테크 허섭스레기에 둘러싸인 우리는
추하고 병들고 불행하다.

_크리스토프 드레슬러 Christoph Dressler, 공산주의자

나는 아이들이 책을 안 읽고 스마트폰만 만지작거릴 때마다 녀석들의 전자기기를 모조리 압수하겠다고 으름장을 놓곤 한다. 하지만 누군가 **나한테서** 전자제품을 모조리 빼앗아 간다면, 스위치를 누르고 싶은 욕구를 못 이긴 나머지 곧바로 전등 스위치 옆에 서서 껐다 켜기를 반복할 것이다.

오랫동안 처박아 둔 재킷을 꺼내 입을 때마다 심심찮게 반가운 물건들을 발견하곤 한다. 주머니에서 한 번은 10유로 지폐, 한번은 오래된 목캔디가 나온 적이 있다. 아주 운이 좋으면 블루투스 이어폰이 튀어나오기도 한다. 내가 애용하는 블루투스 이어폰은 고장도 잘 나고 잘 잃어버리기도 하지만 어디서나 저렴한 새 이어폰을 살 수 있어서 크게 문제가 되진 않는다.

어쩌면 웬만한 마을에 있는 것을 전부 합한 것보다 더 많은 전자제품이 우리 집에 굴러다니고 있을지도 모르겠다. 가전제품을 제외하더라도, 밤이 되면 대기 모드로 바뀌거나 충전되는 아이폰, 태블릿, 와이파이 라우터, 게임 콘솔, 무선전화기, 디지털 액자, 소형스피커, 스마트 TV같이 우리처럼 작은 가족이 사용하는 기기가 얼마나 되는지 세어보는 걸 포기한 지 오래다. 이 정도면 전기 소비 패턴에 변화를 줄 자격이 충분하다고 생각한다.

이 에어프라이어도 곧 아프리카로 가겠지

스마트폰으로 10분 정도 동영상을 보면 2,000와트짜리 전기오븐을 5분간 최대출력으로 가열하는 만큼의 전기가 소비된다는 사실을 여러분은 알고 있었는가? 또 스마트폰 한 대를 생산할 때 60킬로그램 이상의 이산화탄소가 대기 중으로 방출된다는 사실은? 구글 검색 한 번에 0.2그램의 이산화탄소가 발생하는데, 2019년 통계에 따르면 1분당 380만 건의 검색이 이루어지면서 대수롭지 않아 보이는 구글 검색이 1분당 760톤의 이산화탄소를 대기로 방출한다는 사실은? 가전제품 중에서도 빨래건조기와 식기세척기가(냉장고와 세탁기가 그 뒤를 잇는다) 가정 내 에너지 낭비의 주범인 만큼 손과 솔로 설거지를 했던 미풍양속을 되살리는 수고로움을 감수하고, 빨래를 말릴 때도 건조기 사용을 피한다면 전기 소비를 확 줄여 행복한 북극곰이 재주를 넘을지도 모른다는 사실은?

우리 집만 보더라도 세탁기나 건조기처럼 처음 샀을 때 굉장한 미래를 약속해준 전자제품들이 쉼 없이 돌아가고 있다. 수프머신에서부터 팝콘 메이커, 다이슨 무선청소기와 가습기, 등마사지기와 스마트 체중계와 이와 연동된 스마트 워치 핏빗까지 종류도 다양하다. 최근 추가된 샌드위치 메이커는 내 삶을 바꿔놓았다. 하지만 우리 집에서 샌드위치에 열광하는 시기가 사라지는 순간 쓰지 않는 다른 전자제품들처럼 창고로 직행할 것이다. 내 옆에는 핸드폰이, 앞에는 이 글을 쓰고 있는 노트북도 있다. 가족용으로 사용하는 또 다른 노트북도 곁에 있는데, 지금 쓰는 글에 맞게 적절한 감정 상태를 유지하고자 데이비드 피델리David Fedele가 가나 수도 아크라에서 촬영한 르포르타주 필름 〈E-웨이스트랜드E-Wasteland〉(2012)를 유튜브에서 찾아서 틀어놓았다. 대사가 철저히 배제된 이 빼어난 다큐멘터리에서 피델리는 세계 최대의 전자폐기물 매립지를 찾아가 카메라를 세워놓고 눈앞에 펼쳐지는 장면들을 고스란히 기록했다. 〈E-웨이스트랜드〉는 경고의 목소리를 높이지 않고도 설득력을 준다는 점에서 유명 다큐멘터리 〈웰컴 투 소돔Welcome to Sodom〉(2018)을 능가한다. 〈E-웨이스트랜드〉에 등장하는 아이들은 낡은 핸드폰과 TV를 부수면서 일일이 값나가는 금속과 부품들을 분리해 내고, 구리를 얻기 위해 케이블과 플라스틱을 태우면서 유독가스를 들이마신다.

매년 4,500만 톤의 핸드폰, 냉장고, TV 같은 전자제품이 쓰레기 매립지로 향한다. 상상도 못할 수치인데, 40톤 화물차 100만 대에 싣더라도 다 소화하지 못할 규모다. 유럽인들은 1인당 연간 평균 16킬로그램의 전자제품 폐기물을 쏟아낸다. 적어도 유럽에서는 전자제품 폐기물의 3분의 1(아시아의 경우 15퍼센트)가량을 수거해 재활용한다. 그러나 대부분 소각 또는 매립되거나 아크라 같은 매립지로 직행한다.

물론 우리가 내다 버리는 전자제품 폐기물 역시 꾸준히 늘고 있다. 이른바 'E-쓰레기' 중에서도 세 가지 부문에서 증가세가 뚜렷하다. 소형기기(청소기, 선풍기, 토스터, 라디오, 전기면도기 등), 대형기기(세탁기, 건조기, 오븐, 프린터, 복사기 등), 그리고 가장 빠른 속도로 늘고 있는 냉장고, 냉동고, 난방기기, 에어컨 같은 이른바 '온도변환기기' 폐기물이다.

먹어도 아무 문제 없는 핸드폰

다행히 이 문제의 해결책을 떠올린 한 남자가 있다. 적어도 10년 뒤 그는 노벨화학상을 받거나 인류에 절망한 나머지 정신병원에 갈지도 모른다. 미하엘 브라운가르트Michael Braungart 교수가 바로 그 주인공이다. 독일 녹색당의 산파역을 한 '녹색행동미래'의 1978년 창립회원이었던 그는 1980년대에는 그린피스의 화학 부문 책임자를 맡았다. 결코 이산화탄소에 집착하는 타입이 아닌 그는 이렇게 말한다.

함부르크 같은 도시들에서 탄소 중립을 실현하고자 한다. 그럴듯한 이야기이지만 실상 큰 의미는 없다. 단 몇 초 만에 중국에서 그 같은 노력을 상쇄시키기 때문이다.

브라운가르트는 절약, 기피, 감소 등으로 한정된 환경보호 개념에 의문을 던진다.

우리는 악한 일을 조금 덜 하는 것이 환경보호라고 생각한다. 얼마나 어리석은 생각인가. 이는 마치 '자녀를 열 번 대신 다섯 번만 때려라!'라고 말하는 것과 같다. 그건 보호가 아니라 해를 조금 덜 끼치는 것일 뿐이다.

산업생산의 전면적 개편이라는 비전을 제시하는 그는 모든 소비 제품과 기계의 설계 단계부터 각 구성 요소가 썩어 없어지거나 생태 순환계로 돌아가거나 아니면 재사용되게 만드는 것이 기술적으로 가능하다고 말한다.

원한다면 우리는 나무처럼 공기를 정화하는 건물을 지을 수 있고, 부품들이 생물학적으로 완전 분해되거나 재활용되는 자동차를 만들 수도 있다.

뿐만 아니라 악취는커녕 공기 정화 기능까지 갖춘 카펫, 먹을 수 있는 컴퓨터와 소파 커버 같은 것도 한낱 꿈만은 아니다.

브라운가르트는 미국인 디자이너 윌리엄 맥도너 William McDonough 와 함께 환경에 무해할 뿐 아니라 유용한 공업 재료를 연구·실험하기 위한 연구소를 차렸다. 생산 원칙은 'cradle to cradle'(C2C), 즉 '요람에서 요람으로'다. 이런 C2C 원칙에 따라 제품을 만드는 기업이 이미 점점 늘고 있다. 브라운가르트는 "자연에 대한 파괴적인 영향을 억제하고 막는 방법만 고민함으로써 우리는 여전히 시대에 뒤처진 개념으로 환경보호에 접근하고 있다"고 꼬집는다. 이 같은 접근 방식은 200년 전이라면 타당했을지 모르지만 지금은 지나치게 낡은 것이라는 게 그의 주장이다. 브라운가르트는 다름 아닌 산업생산 원칙을 통째로 뒤엎는 방법을 구상 중이다. 문제는 자원을 많이 사용하는 것이 아니라 낭비하는 데에 있는데, '요람에서 요람으로' 뒤에 숨은 원칙은 쓰레기 감소가 아니라 쓰레기 자체를 없앤다는 발상이다. 이에 대한 본보기를 제공하는 것이 바로 자연이다. 천재 화학자 브라운가르트의 말을 다시 들어보자.

자연은 쓰레기라는 것을 모른다. 자연이 배출하는 것에는 무엇 하나 쓸모없는 것이 없다. 벚나무를 생각해 보라. 꽃이 필 때는 아 낌없이 화려함을 뽐내지만 떨어지는 꽃잎에도 나름의 기능이 있다. 우리는 자연을 닮는 법을 배워야 하는데, 자연도 '요람에서 요람으로'의 원칙을 따르기 때문이다. 자연에 낭비란 없다.

현재 브라운가르트와 맥도너는 제품, 기기, 포장, 일상용품 등을 구상하는 단계에서부터 재활용을 염두에 두는 미래를 앞당기기 위해 열심히 연구 중이다. 산업생산에 쓰이는 모든 소재를 생분해나 재활용이 가능한 요소로만 만들게 한다는 것이 이들의 계획이다. 이를 전문용어로 '업사이클링upcycling'이라고 한다.

세탁기, 핸드폰, 자동차, TV 등은 처음부터 향후 분해가 계획된 방식으로 제조해 금속이나 플라스틱 같은 썩지 않는 소재는 산업계에서 재활용할 수 있다. 생각해 보면 얼마 전만 해도 중고 오븐·냉장고·전화기를 나눠주거나 오래된 제품을 사는 중고 상인이 집집마다 들르는 게 흔한 일이었다.

브라운가르트는 우리가 너무 많은 전자제품을 사용한다는 사실보다는 그것들을 일회용 제품으로 전락시켰다는 점을 문제로 보고 있다.
C2C 철학에 따르면 차량 공유의 사례에서 보듯이 전자제품 생산자도 더 이상 제품이 아닌 서비스를 판매해야 한다. 브라운가르트는 이렇게 말한다.

당신이 TV를 살 때는 4,000가지 화학약품이 들어 있는 상자를 사려는 것이 아니다. TV를 시청하고자 할 뿐이다. 따라서 1만 시간 동안 시청할 권리를 구매하고 이후에는 생산자에게 반환하는 편이 훨씬 합리적이다. 부품 재사용이 가능해 경비 절감이 가능하다면 생산자는 제품 회수를 마다할 이유가 없다.

물론 생산자에게는 보관과 재활용에 따른 큰 책임이 생긴다. 바로 그 효과를 의도한 게 아닐까? 브라운가르트는 "이런 시스템이 완전히 정착되면 위험한 폐기물이 배출될 일도 없고, 기업은 자원을 적게 소비하고 제조비를 엄청나게 절약할 것"이라고 말한다.

'요람에서 요람으로' 원칙은 산업생산 전반을 혁명적으로 바꿀 것이다. 재차 강조하지만, 브라운가르트가 정신병원으로 가거나 10년 뒤 노벨상 수상자가 되면서 모든 제품이 C2C 원칙에 따라 생산되거나 둘 중 하나가 될 것이다. "생물학적으로 활용 가능한 재료로만 만들어진 핸드폰, 즉 먹어도 아무 문제 없는 핸드폰을 생산하는 일도 어렵지 않을 것"이라고 브라운가르트는 단언한다.

비행기 모드를 켜놓고 책을 읽자

이런 구상은 꽤나 논리적이어서 어째서 애플 같은 대기업에서 먹어도 되는, 아니면 적어도 업사이클링이 가능한 스마트폰을 내놓지 않는지 의문일 따름이다. 지금 같은 기후 위기 시대에 기업의 명성에도 엄청난 이득을 줄 게 분명한데 말이다.

산업계의 반응은 어떨까? C2C 원칙에 따라 생산하는 기업들이 늘고 있는 가운데, 나이키 같은 기업은 생분해가 가능한 운동화 개발에 한창이다. 즉 혁명은 이미 진행 중이다. 다만 다소 시간이 필요한 법이다. "인터넷이 발명되고 전 세계인들이 각종 정보를 손쉽게 얻는 게 당연시되기까지 30여 년의 시간이 걸렸음을 떠올린다면 '요람에서 요람으로'의 혁명은 시기상 유리한 조건에 있다"고 브라운가르트 교수는 평가한다.

그때까지 우리는 작은 일에서 혁명을 실천할 수밖에 없다. 에너지 전환의 실패를 탄식해봐야 무슨 소용인가. 실질적인 에너지 전환에 시큰둥한 사악한 거대 에너지 기업을 비난하거나 (2018년 미국 석유회사 엑손모빌 한 곳에서만 약 2,800억 달러의 이익을 거뒀다. 이는 핀란드 국민총생산을 능가하는 규모로 에너지 기업 운영이 결국 고부가가치 사업이라는 뜻이다), 잘못된 결정을 내리는 정치인들을 두고 쑥덕거리는 것도 딱히 효과가 없기는 마찬가지다. 더 중요한 것은 한 사람 한 사람이 보이는 행동이다.

이렇게 말하면 바로 환경문제를 탈정치화한다는 비난이 쏟아질 것이다. 하지만 나는 조너선 사프란 포어Jonathan Safran Foer가 《우리가 날씨다We Are the Weather》에서 한 말이 옳다고 생각한다.

우리는 거대한 외부의 힘이 문제를 초래한다는 잘못된 믿음을 갖고 있다. 그러면서 스스로의 행동과 소비 행태를 통해 경제에 영향을 미치는 개인으로서 우리 자신이 위기의 일부이고 위기를 재촉하는 요인임을 보지 못한다.

솔직히 말해 전기와 전자제품 사용이라는 주제는 그리 간단하지 않다. 우리는 하이테크 세계가 주는 편리함에 크게 의지하며 살고 있다. 전자기기 사용을 금지하자는 주장에 동참해 세상의 흐름에서 벗어나기란 쉽지 않다. 그렇지만 최대한 전자기기의 강요에서 벗어남으로써 작은 성취를 이룰 수는 있다. 적어도 하루에 한 차례 책상에 앉아 이메일을 확인하고 답장을 보내던 시절을 기억하는가? 그 같은 자유를 되찾는 일은 어렵지 않다. 내가 주기적으로 '삶의 꿀팁'을 얻곤 하는 팟캐스트 〈모던 위즈덤Modern Wisdom〉에서는 최근 삶을 바꾸는 간단한 방법 하나를 소개했다. 오전 11시까지는 절대 핸드폰에 손대지 말고 저녁 9시 이후에는 아예 *끄거나* 비행 모드로 바꾸기로 결심하라는 것이다.

전자기기를 켜놓고 아무 생각 없이 무작정 전기를 소비하는 습관에서 벗어나는 일은 얼마든지 가능하다. 몇 가지 간단한 구체적 실천 방법을 소개하고자 한다.

* 신재생에너지로 만드는 '생태 전기'를 사용하는 게 과연 도움이 될까? 큰 효과가 없다. 오히려 정부의 잘못된 에너지정책에 보조금을 주는 격이다. 최악의 경우 열대우림을 파괴하는 바이오가스 시설을 지원할 수도 있다.

* 중요한 것은 모든 가전기기를 절전 모드에서 해방시켜 완전히 끄는 것이다!

* 뚜껑을 덮고 요리한다. 독일 환경부에서도 같은 조언을 하고 있다.

* 일반 전구를 LED 등으로 바꾼다.

* 데스크톱 대신 노트북을 사용한다.

* 냉장고? 어려운 문제다. 에너지소비효율 1등급만으로는 충분하지 않다. 냉장고의 크기가 핵심이다. 꼭 미국식 대가족

사이즈의 화려하고 거대한 냉장고여야 하는가? 조금 작아도 괜찮지 않을까? 냉장고는 꽉 차 있을 때 좀 더 효율적으로 냉각한다. 빈 공간이 많으면 전기 소비도 늘어난다. 냉동실을 포기하면 전기를 20퍼센트 절약할 수 있다. 여전히 ─ 예전처럼 ─ 식료품을 비축할 필요가 있을까? 아닐 것이다. 냉장고를 얼마나 차갑게 유지하는지에 따라서도 큰 차이가 난다 (6도 이상이 이상적!). 그리고 (내가 흔히 그렇듯) 냉장고 내부가 잘 정리되어 있는지도 중요하다. 그렇지 않으면 뭔가를 찾을 때 문을 오래 열어두게 마련이니까⋯⋯.

★ TV도 크기가 중요하다. 점점 전자제품의 에너지 소비가 줄어들고는 있지만 화면이 커질수록 전기를 절약하고자 하는 노력도 물거품이 되기 쉽다.

★ 세탁기를 돌릴 때 30도의 물만 사용하라는 건 말이 안 된다. 하지만 좋은 (물론 생태학적으로 분해가 되는) 세제를 쓴다면 40도를 넘길 필요가 없다. 또 한 가지. 세탁기를 꽉 채우면 세탁비도 아낀다. 청바지 한 벌, 티셔츠 두 벌만 넣고 세탁기를 돌린다는 건 에너지 계산서라는 관점에서 터무니없는 낭비다.

✱ 빨래건조기를 없애자. 물론 대다수가 선뜻 그러지 못한다. 타협책으로 최소한 건조 단계를 낮추고('다리미 건조'), 예전의 빨래 건조대를 다시 꺼내 쓰자. 여기서도 얼마나 건조기를 꽉 채우는가에 따라 차이가 발생한다.

✱ 식기세척기? 누가 이걸 포기할 수 있단 말인가? 정 힘들다면 적어도 가득 채워 사용하고, 절약 코스만으로도 충분하도록 (즉 65도 대신 50도!) 애벌 설거지를 해서 넣자.

✱ 외출할 때는 가급적 전자기기들의 전원을 끄자. 무선랜 라우터도 한숨 돌릴 시간이 필요하다. 최고의 방법은 기기들을 차단 스위치가 달린 멀티탭에 연결해두는 건데, 여러 기기를 한 번에 끌 수 있으니 집을 나설 때마다 일일이 플러그를 뽑는 수고를 덜게 된다.

하나 덧붙이자면 책을 많이 읽는 것도 좋은 방법이다. 종이책이면 더 좋다. 독서야말로 적극적인 환경보호 실천방법이다. 책을 읽는 동안은 어떤 전자기기도 사용하지 않기 때문이다. 독서등은 예외지만 이 정도는 봐주자.

다시 벽난로에 불을 땔 순 없을까?

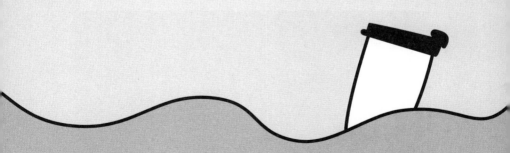

건물을 만드는 건 우리지만 이후에는
건물이 우리를 만든다.

_윈스턴 처칠

비트겐슈타인은 놀이가 무엇인지 정확히 규정하기는 어렵지만 직접 보면 쉽게 알 수 있다고 말했다. 스타일의 문제도 마찬가지다. 세련된 인테리어가 어떤 것인지 콕 집어 말하기는 어려우나 눈으로 보면 거기에 고유의 취향이 잘 반영되어 있는지 바로 말할 수 있다.

　가령 집주인이 인테리어 업자의 도움을 받았는지, 아니면 스스로 미적 감각을 갖췄는지는 일반인들도 쉽게 눈치챈다. 이른바 '인테리어 디자이너들'은 설비, 조명, 자재에서 일일이 이득을 보려 하는 만큼 최대한 값비싼 제품을 찾는다는 문제가 있다. 이는 공사를 맡긴 쪽에서 예산은 넉넉하지만 자신의 취향에 확신이 없기에 가능한 일이다. 물론 남이 꾸며준 집에 불만이 없을 수는 없기에 최근에는 업계 종사자들이 다소 타격을 입기도 했다. 하지만 에코 하우스가 유행하면서 다시 이들의 미래는 밝아졌다. 자재 선택이 복잡한 탓에 건축주들은 전문가에게 의존할 수밖에 없었고, 인테리어 디자이너들은 '에코리빙eco living' 분야에서 따로 연수를 받아야 했다. 자세한 내용은 다시 살펴보기로 하자.

인간의 품위에 어울리는 인테리어

먼저 기본적인 이해를 돕기 위해 말하자면 인테리어에는 크게 편한 모델과 단정한 모델이 있다. 둘 다 나름의 장점이 있다. 지금까지 나는 독신 남성의 집 가운데 내 친구 케브의 런던 자택만큼 멋진 곳을 본 적이 없다. 그렇게 깨끗하고 구조가 잘 정리된 집은 처음이었다. 바닥은 곧고 반듯하며 바우하우스 스타일이 돋보이는 가운데 집 안 전체가 따뜻한 메탈그레이 색으로 칠해져 있으면서 물건 하나 허투루 놓여 있지 않다. 말끔히 치워진 바닥 덕분에 열쇠나 핸드폰을 어딘가에 무심코 놓더라도 시간을 들여 찾을 일이 없다. 일본의 정리 전문가 곤도 마리에가 전도하듯 불필요한 잡동사니를 몽땅 치워버리고 싶어 하는 마음도 충분히 이해가 간다. 그런 집은 뼈대만 남은 건물처럼 보일 텐데, 삶 자체가 비뚤비뚤하고 엉망인지라 기하학적 구조와 질서, 최소화된 혼란은 마음을 안정시키는 효과를 준다.

이제 정반대의 모델을 살펴보자. 에티오피아 마지막 황제의 손자인 아스파워센 아세라테Asfa-Wossen Asserate의 집은 스타일리시한 저장 강박증의 대표적 사례다. 그가 사는 프랑크푸르트의 아파트는 벽 앞으로 1밀리미터의 틈조차 없을 만큼 온갖 물건으로 가득하다. 성화상과 유화, 수채화가 나란히 벽에 걸려 있는 가운데 그가 서류 뭉치에 둘러싸인 채 높은 의자에 앉아 있다. 천장에 닿을 정도로 높다란 책장은 빈틈없이 꽉 차 있고, 서랍장과 소형 탁자 위는 옛날 사진이 든 은빛 액자로 빼곡하다. 빈 곳이라고는 손톱만큼도 찾아보기 어려울 지경이다. 곤도 마리에가 보면 팔짝 뛸 만한 광경이다. 독특한 매력을 지닌 이런 집들은 하나의 유기체라 할 만한데, 그 안에 사는 인격의 증명이자 연장이기도 하다.

한 인간이 어떤 집에 사느냐 하는 것은 자아상이나 인간상과도 관련되는 하나의 철학적 문제다. 서문에서도 말했지만 생태주의를 극단으로 몰고 가서 인간을 ―곧 자기 자신을― 해로운 존재로 여긴다면 어떤 형태로든 그런 인간의 영역을 확대하는 데 반대하게 된다. 반면 인간을 ―가령 이런 문제를 사색의 대상으로 삼을 수 있기에― 특별한 존재로 여긴다면 활동할 공간을 요구하고 그 공간을 꾸미고 싶어 하는 것도 당연하다. 이 자리에서 마르틴 모제바흐Martin Mosebach의 에세이 일부를 (저자의 동의를 구해) 다소 길게 소개하고자 한다. 주제는 인간의 품위에 어울리는 주거다.

역사상 희대의 악당 네로 황제로 말하자면 누구도 그의 도덕적 타락상에 대해 의심하지 않는다. 그러니 독립적 사고력을 지닌 지식인이라면 그의 전기에서 세상이 씌운 혐의를 지워줄 만한 단서를 찾거나 최소한 모호한 대목을 찾아보고 싶은 충동을 느끼기 마련이다. 쿠빌라이 칸의 여름 별궁 제나두Xanadu와 바빌론의 여왕 세미라미스의 공중 정원처럼 네로 황제가 지은 저택은 전대미문의 호화 건축물로 전 세계인의 기억 속에 생생히 살아 있다. 황금 궁전 '도무스 아우레아Domus Aurea'의 호화로움을 두고서 세인들은 온갖 상상의 나라를 펼쳤다. 로마 황제들의 스캔들을 기록한 고대 로마의 전기작가 수에토니우스Suetonius에 따르면 둥근 지붕을 얹은 넓은 홀 위의 천장은 빙빙 돌아가게끔 만들어졌는데 그 위에서 장미 꽃잎이 식사하는 이들을 향해 비 내리듯 떨어졌다고 한다. 네로의 황금 궁전은 일반적인 서양식 궁전과 달랐다. 베르사유 궁전처럼 서로 연결된 하나의 거대한 건축물이 아니라 중국 황제 또는 인도 무굴제국 황제의 궁에 비견될 만한 것이었다. 산책로와 여러 뜰로 연결된 크고 작은 파빌리온이 딸린 거대한 정원 구역은, 안과 밖이 끝없이 뒤바뀌면서 위에서 보면 단층집들이 드문드문 퍼져 있는 마을과도 비슷했다. 네로는 현 바티칸시티보다도 큰 부지 위에 세워진 황금 저택을 가리켜 '인간에게 걸맞은 집'이라고 불렀다. 이 말은 역사상 가장 건방진 발언으로 기록되고 있다. 어떤 인간 경시의 흔적도 내비치지 않았는데도 말이다. 인간에게 걸맞은 것은 그저 가장 아름답고 가장 위대한 것일 뿐이다. 그것을 극소수만 누릴 수 있다는 사실은 여기서 다룰 문제가 아니다.

네로가 죽은 뒤 궁전 터는 더 이상 사용되지 않았다. 그의 뒤를 이은 누구도 그곳에 살고 싶어 하지 않았다. 거대한 호수는 흙으로 채워졌고 그 자리에는 콜로세움이 들어섰다.

모제바흐의 주장에 따르면 유럽 문화권에서 낭비는 부유하고 멋진 귀족들의 행동 강령에서 빠진 적이 없었다. 내게 털어놓았듯, 모제바흐는 낭비를 천하게 여겼던 일본 귀족들이 미적 취향이란 관점에서 우리 유럽 귀족들보다 우월하지 않았나 하는 의심을 한다.

잠깐 옆길로 샜는데, 집을 꾸미는 문제와 관련한 다음 논의의 바탕이 되기 때문이다. 우리는 편리한 삶만이 아니라 사치를 누리는 삶도 인간 권리에 포함된다는 관점에서 이야기를 해나가야 한다. 문제는 무엇이 시대에 맞는 사치인가 하는 점이다.

서구 사회는 낭비가 미적이지 못하고, 미니멀리즘이야말로 미의 이상이라는 점에 눈을 떴다. 미적 감각의 문제에 자신이 없을 때 미니멀리즘을 선택하면 실패할 확률이 줄어든다. 너무 무게를 잡는 건 아마추어에게 어울리지 않는다. 루트비히 2세나 아스파워셴 아세라테 같이 확실한 스타일을 갖지 못한 사람은 난처한 상황에 빠지거나 인테리어 디자이너의 손에 휘둘리게 된다. 그렇지만 기본적으로 호사스러움은 허용되어야 한다. 그런데 그것은 늘 위신과 관련이 있고 주위로부터 인정받는 대상은 변하게 마련이어서 현재의 호사스러움은 50년 전과는 다를 수밖에 없다. 1970~1980년대만 해도 집 지하실에 사우나나 수영장을 설치하는 게 최고였지만, 지금은 에코 하우스가 선망의 대상으로 떠오르고 있다.

단열 시공이 불러올 탄소 폭탄

요즘 인기가 높은 주택은 보온병처럼 설계된 이른바 패시브 하우스다. 정말로 훌륭한 발상이 아닐 수 없다. 난방도 거의 불필요해서 겨울에는 탁월하지만, 여름에는 숨이 콱 막힌다는 단점이 있다. 앙겔라 메르켈은 "어느 나라도 독일보다 더 두껍게 창을 만들지 못한다"는 멋진 말을 남기기도 했다. 물론 칭찬의 뜻으로 한 말인데, 문제는 새로 지어진 건물들의 차단 효과가 뛰어나다 보니 환기 부족으로 썩거나 곰팡이가 피는 현상이 발생한다는 것이다. 우리가 사는 집은 너무 외부와 차단된 탓에 천식과 폐렴, 감염병이 늘고 있다. 미국 일부 주에서는 신축 주택을 단열판으로 차단하는 것을 금지하기도 했다.

《슈피겔》의 알렉산더 노이바허Alexander Neubacher 기자는 《환경 강박증Öko-Fimmel》에서 브란덴부르크의 모범적인 생태학교를 소개한다. 패시브 건축 덕분에 겨울철 난방이 불필요해진 학생들은 여름이 찾아오자 예기치 못한 문제에 부딪혔다. 신선한 공기를 쐬지 못해 두통과 피로감을 호소한 것이다. 당시 지역 신문에서는 "교실에 데오도란트를 바르지 않은 학생이라도 있을 때면 반 전체가 혼수상태에 빠지다시피 한다"고 꼬집었다.

최근 친구 몇 명이 멋지게 지은 신축 건물에 입주했다. 어떻게 하면 예쁘게 건물을 짓는지 사람들이 다시 깨닫기 시작한 것 같다. 베를린 쿠담 근처의 6층짜리 아파트는 멀리서 보면 1920년대식 디자인으로 설계된 단단하고 아름다운 건물처럼 보인다. 하지만 가까이 다가서면 생각이 바뀐다. 돌은 인조석 같고 외벽을 만져보면 마치 장난감 집 같다. 두드려보면 텅텅거리는 소리도 난다. 그리고 들리는 말이 '단열 시공'이다. 게다가 모조 벽돌을 사용했다. 막 완공된 그 아파트는 멋있어 보이지만, 아이가 자전거를 타고 가다 부딪치기라도 하면 움푹 들어갈 것처럼, 외벽을 두드리면 아주 얇은 게 느껴진다.

10년 후 이런 건물은 어떻게 될까? 기온은 점점 올라가는데 어째서 그렇게 단열에 큰 가치를 두는 걸까? 베를린에도 머잖아 야자수가 자랄 날이 올 것이다. 그런데도 건물을 지을 때 최대한 추위를 막게끔 시공한다. 내 친구들이 사는 곳은 꼭대기 층이다. 보나마나 생태적 패시브 건축방식 덕분에 머지않아 탄소 폭탄이나 다름없는 에어컨을 달게 될 것이다.

뮌헨대학교의 지리학자이자 기상이변 전문가인 마티아스 가르샤겐Matthias Garschagen 교수는 기후변화로 인한 도시의 고열 현상이 갈수록 골칫거리라고 지적한다. 도시계획자들은 일련의 고르디우스 매듭을 풀어야 할 과제를 떠안게 되었다. 그래서 한편으로는 무분별한 택지 조성을 억제하는 대책을 마련하고자 하는데, 출퇴근 교통량이 늘어나면 심각한 환경문제가 발생하기 때문이다. 말하자면 기능이 집약된 '컴팩트 도시'가 대안으로 제시되며 이는 수해 방지라는 측면에서도 유리하다. 또 다른 주요 과제는 열섬 현상을 방지하는 것이다.

오래된 삶의 방식 되살리기

주거와 관련해 개개인이 세계 멸망을 잠시라도 늦추는 데 이바지할 만한 일은 한정되어 있다. 가령 세입자라면 마음대로 에너지 기준을 정할 수가 없다. 집 소유자라 하더라도 임대인 모임에서 '투자'나 '에너지 효율적인 건물 리모델링' 같은 말을 입에 올리면 따돌림당하기 쉽다.

물론 자기 집을 짓는다면 당연히 더 많은 가능성이 열린다. 우선 집을 어디에 지을지부터 묻게 된다. 탁 트인 자연을 좋아하는가? 그럼 하수구와 수도, 전기가 연결되지 않은 곳에 터를 잡을 테고, 그 결과 무인 지대에 발자국을 남기면서 최악의 생태학적 범죄를 저지를 확률이 높다. 결국 빵점짜리 선택인 셈이다.

직접 집을 지을 때 두 번째로 중요한 물음은 얼마만큼의 면

적이 필요한가이다. 매 제곱미터마다 건축과 난방, 관리가 필요
하다. 독일인들은 1인당 평균 45제곱미터의 면적에 살고 있다.
결코 크다고 할 수 없는데, 그 아래로는 아무도 살고 싶어 하지
않는다. 그런데 두 사람이 사는 집이 150제곱미터를 초과할 필요
가 있을까? 이와 관련해 미국의 최신 환경 트렌드는 '타이니 하
우스Tiny House(초소형 주택)'이다. 대개 30제곱미터 남짓한 이런 집
들은 원한다면 확장이 쉬울 뿐 아니라 다시 해체한 뒤 트럭에 싣
고 가 다른 곳에 지을 수도 있다.

　건물 지붕의 열을 차단하기 위해 전문가들은 해묵은 방법을
다시 꺼내 들었다. 서까래 사이에 황마와 대마를 집어넣는 방법
이 최근 다시 유행하기 시작했다. 폴리스티롤polystyrol이나 미네
랄 울mineral wool이 발명되기 전부터 지붕의 단열 시공이 이루어
지고 있었던 것이다.

　황마나 대마는 나중에 돈을 들여 특수폐기물로 버리지 않아
도 되고 폴리스티롤, 유리섬유, 암면rock wool만큼이나 우수한 단
열재 역할을 한다. 또 여름에는 건물 밖의 열을 훌륭하게 막아주
는 중요한 이점이 있다. 물론 최고의 선택은 현재 캘리포니아에
서 절대적인 신분의 상징이 된 '살아 있는 벽과 지붕Living Walls and
Roofs'이다. 말하자면 미세먼지와 독성물질을 흡수하고 밤새 집
안 공기를 정화하도록 지붕과 벽을 만드는 것이다.

　앞서 소개한 브라운가르트 교수는 건축가들과 머리를 맞대

고 영양소를 주변 환경에 되돌려주는 건물을 짓는 일에 참여하고 있다. 이런 경우 초목이 자라고 흙이 덮인 얇은 지붕을 사용하는데, 이 같은 지층 덕분에 무더울 때는 기화로 인한 냉기가 지붕에 발생하고 추울 때는 단열이 이루어진다. '요람에서 요람으로' 원칙에 따라 지은 집들은 산소를 내뿜고 탄소를 흡수하면서 기후변화에도 긍정적인 냉난방장치 역할을 한다. 브라운가르트는 이렇게 말한다.

> 새로운 아이디어 같지만 실은 그렇지 않다. 이미 수백 년 전 건축 기술에 쓰인 것인데, 아이슬란드나 이탈리아 남부의 수많은 옛 농가가 똑같은 방식으로 지어졌다.

압도적인 장점 때문에 신축 건물만이 아니라 기존 건물에도 잔디 지붕을 얹는 사례가 늘고 있다. 브라운가르트 교수는 팀원들과 함께 시카고 시청사 지붕의 정원 설치를 돕기도 했는데, 시카고 시당국은 초목으로 덮힌 지붕을 널리 보급해 시민들에게 행복을 준다는 청사진을 그리고 있다.

기후발자국을 최대한 적게 남기려면 아주 오래된 삶의 방식을 되살리는 수밖에 없다. 즉 다 함께 모여 대가족 속에서 사는 것이다. 그토록 많은 사람이 혼자 산다는 것이 이상하지 않은가? 마르크스식 표현을 쓰자면, 우리는 도시에 살면서 '소외된 개인'

이 되었다. 이는 에너지 효율성과도 거리가 먼 일이다. 서로 뜻이 맞는 가족끼리 세대를 아울러 함께 사는 게 여러모로 좋은 선택이 아닐까?

《2도. 1톤Zwei Grad. Eine Tonne》이라는 책으로 전문가들의 호평을 받은 기후 문제 권위자 크리스토프 드렉셀Christof Drexel에 따르면 미래는 공동 주거와 공동 건축에 있다.

이로써 일반적으로는 누리지 못하는 넓은 공간, 각종 일상용품, 어쩌면 (가장 단순한 형태의 차량 공유으로서) 자동차 따위를 공동으로 사용할 기회가 열린다. 궁극적으로 공동 주거는 각자의 다양한 능력을 발휘해 서로 도울 기회를 제공한다. 그 중요성은 앞으로 더욱 커질 것이다.

전 지구적 온난화 현상으로 날이 갈수록 도시가 뜨거워지면서 도시의 소외된 삶은 가장 심각한 기후 문제로 떠오를 전망이다. 사회적으로 단절된 고령층들이 더위에 훨씬 고통받는 건 당연하다. 우리는 이들을 위해 냉난방기를 설치함으로써 다시 원점으로 돌아갈 수도 있고, 아니면 좀 더 나은 방법으로 이들을 보살필 수도 있을 것이다.

더위에 고통받는 북극곰에게 공감을 표하기는 쉽다. 녀석들은 우리와 아주 멀리 떨어져 있기 때문이다. 반면 한여름 폭염 속

에 6층 아파트에서 쓸쓸히 지내는 노부인에게 관심을 가지는 일
은 훨씬 더 수고스럽기 마련이다.

벽난로, 꽃, 양초라는 골치 아픈 인테리어

다시 인테리어 문제로 돌아가보자. 구체적인 팁을 소개하기에
앞서 생태학적 올바름의 시대에는 잊힐 운명에 처한 과거의 근
사한 유물들에 대해 몇 마디 해야겠다.

그리스 선박왕 오나시스의 오래된 개인 요트 '크리스티나
O'호조차 바 의자에 씌웠던 고래 음경(포피) 가죽을 숨 쉬는 자연
섬유로 교체했다고 한다. 그러니 새로운 시대는 새로운 해법을
요구하고 가오리 가죽 벽지나 거실을 장식한 동물 박제가 더 이
상 시대에 맞지 않는 과거의 일이 되었음은 분명해 보인다.

어렸을 적 우리 집에는 수많은 사슴뿔은 물론 아버지가
1960년대 소말리아(내가 태어난 곳이다)에서 직접 쓰러뜨린 사자
가죽도 통째로 걸려 있었다. 그때는 지금과는 전혀 다른 시절이
었다. 우리는 본에서 멀지 않은 마을에 살았는데, 아버지는 이곳
의 독일 수렵인 이익단체협회에서 근무하셨다. 하얀색 우리 집
창에는 예쁜 빨간색 덧문이 달려 있었고, 대문 앞에는 어머니가
몰던 노란색 카브리올레 '딱정벌레' 차가 세워져 있었다. 계단

쪽에 걸려 있던, 활짝 벌린 포효하는 입이 달린 사자 가죽은 당시 시골스러웠던 라인란트 지방에서는 보기 드문 광경이었다. 학교 친구들이 오면 나는 미리 주의를 주곤 했다. 하지만 누구도 그 사자 가죽을 조롱하는 일은 없었다.

지금이라면 상상도 못할 일이다. 동베스트팔렌 지방의 남작이나 티롤의 대지주를 제외한다면 오늘날 죽은 짐승을 벽에 걸어놓는 사람은 쌘사tsantsa(방부 처리된 적의 머리 - 옮긴이)를 현관에 걸어두고도 남을 만한 사람으로 비칠 것이다. 나는 짐승 박제에 반대하는 최고의 논리를(박제된 여우, 늑대, 불곰과 마주쳤던 발트부르크-볼프에크 가문의 성이 떠오른다) 개인 정보상 실명을 밝히기 힘든 오랜 친구에게서 들었다.

나는 한밤중에 깜짝 놀라는 건 질색이야. 아내만으로도 충분하거든.

짐승 박제만큼이나 철 지난 유행은 ─이쪽이 훨씬 더 애석한데─ 벽난로다. 널찍한 응접실의 활활 타오르는 벽난로 앞에서 안락의자에 파묻혀 책을 읽고, 곁에 있는 탁자 위에는 샌드위치 접시와 레드와인 병이 놓인 광경이야말로 내게는 지상천국의 완결판이나 다름없다. 내가 상상하는 궁극의 호사는 바로 욕실의 벽난로다. 벽난로 없는 시골 별장은 상상하기 힘들다.

럭셔리 힙스터들의 벽난로 사랑은 남다르다. 순수하고 원초적인 매력이 있는 벽난로는 자연과 가까이 있는 듯한 기분이 들게 하는데, 거기다 장작 때기가 탄소 중립적이라는 논리도 심심치 않게 들먹여진다. 땔나무가 탈 때 앞서 나무가 자라는 동안 대기에서 흡수한 만큼의 이산화탄소만 배출하기 때문이다. 하지만 이런 논리라면 나무를 땔감으로 쓰지 않고 그냥 자라도록 내버려 두는 편이 기후변화에 훨씬 더 긍정적일 것이다.

겨울철 벽난로 사용이 당연시되는 키츠뷔엘 같은 곳에서는 심할 경우 검댕 및 미세먼지 오염이 베이징과 맞먹을 정도다. 다행히 벽난로의 환경발자국을 줄일 방법이 있다. 배출 장치에 현대식 필터 시스템을 달고 적절한 땔감을 사용하면 된다. 충분히 묵힌 통나무도 훌륭한 선택인데 건조할수록 좋다. 축축한 새 나무에서는 그을음과 유해 가스가 더 많이 발생하기 때문이다. 마찬가지로 페인트 칠을 하거나 가공한 자투리 목재도 절대 벽난로에 집어넣어서는 안 된다. 충분한 환기도 중요하다. 공기의 공급이 원활할수록 땔감도 더 잘 타고 깨끗하게 연소한다. 공기 유입이 차단되면 땔감에서 불꽃 없이 연기만 나면서 다량의 그을음과 이산화탄소, 일산화탄소가 발생한다.

또 다른 대표적인 사치에 속하는 생화도 골치 아픈 주제다. 기후 보호 시대에는 생화를 보며 느끼는 즐거움마저도 어쩔 수 없는 비난의 대상이 된다. 네덜란드의 꽃 공장에서 아침마다 수

확한 수백만 송이의 꽃이 거대한 화물차에 실려 유럽 전역으로 흩어지는 일은 생각만으로도 어딘가 이상하다. 꽃장식을 포기할 수 없다면 조화를 이용해 보자. 직접 만져봐야 진짜 꽃과 구분될 정도로 멋진 조화들도 많이 있다.

양초는 어떤가? 초 역시 미세먼지를 발생시키는 원인 중 하나다. 초의 핵심 원료는 석유에서 추출한 파라핀이고, 그다음으로 중요한 스테아린은 팜유나 야자유에서 생산되므로 열대림을 해친다. 다소간 생태 친화적인 양초는 밀랍으로 만든 값비싼 초밖에 없는데, 물량 공급에 한계가 있다. 화려한 에코 양초에 쓰이는 밀랍의 99퍼센트가 중국, 남미 또는 남아프리카에서 수입되고, 그 결과 탄소발자국을 증가시킨다. 그러니 어느 정도 타협은 불가피하다. 가령 향초만 고집한 다이애나비가 살았던 켄싱턴궁의 아파트에서는 아침부터 저녁까지 향초가 타고 있었다. 그 향초에서는 튜베로즈 향이 났다. 용설란과에 속하는 이 식물은 재스민과 비슷한 향을 풍긴다. 이런 사치를 포기하고 싶지 않다면 최소한 지역 양봉가한테서 초를 사도록 하자. 이들은 수입품이 아닌 직접 만든 밀랍을 사용한다.

그런가 하면 ―벽난로, 꽃, 양초와 달리― 인기가 시들해져서 다행스러운 것들도 있다. 대형 플랫 스크린이 여기에 속하는데, 벽난로 위에 이런 물건이 달린 집을 직접 본 적이 있다. 이는 정신적 항복이나 다름없으며 미적 감각의 추락을 보여주는 대표적 사례다. 반갑게도 플랫 스크린은 점점 시대에 뒤처진 기술로 받아들여지고 있다. 상류층 가정에서는 홈시네마로 이용되는 별실의 한 자리를 차지할 뿐인데, 여기서도 프로젝터와 적절한 영사막이 훨씬 잘 어울린다. 대형 디스플레이는 전기 먹는 하마, 성가신 특수폐기물에 속하며, (누구 말인지는 모르겠으나) 흔한 표현을 쓰자면 역사의 쓰레기더미에나 어울린다.

기후변화 시대의 진정한 사치품

오늘날 남다르게 보이려면 플랫 스크린을 소유하지 않고 자연적이고 친환경적인 가구를 갖다 놓는 것만으로는 부족하다. 집 안의 물건과 가구들이 업사이클링 제품일 뿐 아니라 그럴듯한 서사까지 갖추고 있어야 한다. 일례로 베를린의 고소득 생태주의자들 사이에서는 업사이클 베를린UpCycle Berlin의 고가 가구가 인기를 끌고 있다.

안드레 슈튀허André Stücher와 호주인 동료 트리스탄Tristan의 크로이츠베르거 작업실에서는 베를린의 오래된 건축 목재로 순수 업사이클링 제품인 탁자, 침대, 책장 같은 가구를 제작한다. 파이프나 케이블 설치를 위해 베를린의 도로를 파헤칠 때면 버팀목으로 구덩이 좌우를 받치는데, 이때 쓰인 목재는 흔히 쓰레기처리장으로 향한다. 하지만 품질이 좋고 독성물질이 지하수로 흘러들지 않도록 화학 처리가 되지 않은 나무다. 이런 이유로 업사이클 베를린은 이 목재들을 가구 제작에 적합한 재료로 점찍었다. 제작은 주문식으로 이루어지며 베를린 힙스터 사회에서 자주 구매하는 히트 상품은 침대다.

런던의 중고용품 창고 레트로버스warehouse Retrouvius에서는 철거한 집들에서 나온 가구, 벽판, 문, 창문 등을 수리 후 재판매하거나 그들의 인테리어 프로젝트에 사용한다. 베를린의 업사이클링 브랜드 룩사드Luxad에서 제작한 액자도 인기가 높다. 안드레아스 다비드Andreas David가 디자인하는 룩사드의 액자들은 개별 주문을 받아 생산된다. 선호하는 재료는 색이 벗겨지고 퇴색한 낡은 현관문이다. 여기서 핵심은 푸른 녹 외에 사회적 양심도 가격에 포함되어 있다는 사실이다. 안드레아스 다비드는 현재 남아프리카에 있는 액자 공장과 협업 중이다. 리사이클 목재를 사용하는 현지 공장에서는 흑인 거주지역 젊은이들에게 일정한 소득은 물론 복지 혜택까지 제공하고 있다. 이것이야말로 우리가 목표로 삼아야 할 벤치마크 대상이고, 이런 제품들이야말로 우리 시대의 사치품이다.

좀비보다
질긴 것들을
어떻게 처리할까?

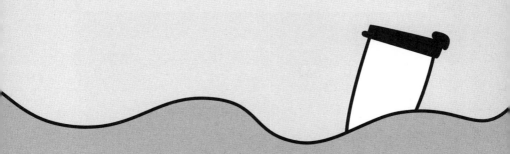

"왜 녹색당원들은 아이를 많이 낳을까?"
"고무(콘돔)를 거부하니까!"
_1980년대에 유행한 이야기

현대적인 최신 유행으로 보이는 것들이 실은 아주 오래된 것일 때가 있다. 1980년대에 유행한 '비닐 대신 황마'라는 구호가 지금도 기억에 생생하다. 어머니는 마트에 다녀오라는 심부름을 시킬 때마다 볼품없는 황마 장바구니를 가져가라고 했고, 그럼 나는 눈에 띄지 않게 최대한 돌돌 말아 가방에 숨기곤 했다. 장바구니를 들고 마트에 가는 것은 쇼핑카트를 끌고 가는 모습을 들키는 것만큼이나 창피한 일이었다. 오늘날 우리는 (이렇게 시대가 변했다!) 코펜하겐과 암스테르담에서 힙스터들이 조롱하듯 장보기용 손수레를 밀고 다니는 광경을 쉽게 볼 수 있다. 반면 여전히 비닐봉지를 사용하는 사람은 시민의 자격을 박탈당한다. '비닐 대신 황마'는 반세기 가까이 지나서야 새로운 트렌드가 되었다.

　나로 말하자면 다소 늦게 생각을 고쳐먹은 경우다. 런던에 살 때는 막스 앤 스펜서M&S에서 꼼꼼하게 비닐 포장된 파인애플과 망고 조각을 쇼핑카트에 담곤 했다. 여기서 그치지 않고 소비자의 천국인 런던에서의 유혹을 이기지 못한 채 간편식에 푹 빠져 바로 먹을 수 있게 포장된 포도를 구입하기에 이르렀다. 하지만 조각낸 과일은 유익한 성분이 싹 빠져나간 설탕 덩어리일 뿐이라는 이야기를 들었다. 과일은 일단 잘라 놓으면 산소와 빛에 노출되어 비타민이 사라져버리기 때문이다.

종이봉투는 비닐 대용품이 될 수 있을까?

앞서 음식에 관한 장에서도 말했듯 쇼핑을 할 때 되도록 라벨이 붙지 않은 식료품을 고르는 것이 내 원칙이다. 물론 포장된 식품을 피하는 일은 그리 어렵지 않지만 그렇다고 우리 모두 유리병이나 깡통을 들고 비포장 상점을 찾아가 직접 식료품을 담는 날이 금방 오리라고는 보지 않는다. 대도시의 고급 주택가에서는 트렌드로 번질 수 있겠지만 대중화는 힘들 것이다.

최근 베를린의 프렌츠라우어베르크에서 시험 삼아 그런 가게에 들른 적이 있다. 발그레한 얼굴을 한 판매원들은 밭에서 막 나온 듯한 인상을 풍겼고, 고객들은 하나같이 저장용 병이나 이와 비슷한 용기들로 무장하고 있었다. 나는 가게에 준비된 종이봉투를 이용하기로 했다. 하지만 그건 실수였다. 경멸의 눈빛을 쏘아대던 그곳의 지속가능성 전문가들을 아연실색하게 하는 일이 벌어졌는데, 내가 담은 완두콩이 바닥에 쏟아지면서 지하에 있던 그 작은 가게 바닥이 온통 완두콩으로 뒤덮인 것이다. 결국

종이봉투는 비닐 대용품으로 부적절한 셈이었다.

장기적으로 보면 비닐의 장점을 고스란히 간직한 새로운 비합성 포장 재질이 널리 사용될 것이다. 왜냐하면 —심미적 이유만으로도 당연한— 비닐에 대한 온갖 반감에도 합성수지는 인류 최고의 독창적인 발명품 중 하나이기 때문이다. 합성수지는 자유자재로 모양을 바꿀 수 있고, 가볍고 실용적이며, 쉽게 운반할 수 있고, 다양한 용도로 사용 가능한 데다 오래가고, 방수가 되고 위생적이며, 저렴해서 대량생산에도 이상적이다. 20세기 초 화려하게 등장한 합성수지는 다양한 분야에서 우리 삶을 크게 개선했다. 각종 호스, 주머니, 인공삽입물 등이 사용되는 의료 분야만해도 그렇다. 또 합성수지가 없었다면 꿈도 못 꾸었을 각종 산업기술과 전자기기, 나일론 스타킹, 비옷 같은 것들은 어떤가.

플라스틱은 자연에서도 발견되는 중합체라 불리는 분자들로 이루어져 있다. 즉 석유 같은 천연자원을 분자 단위로 쪼갠 뒤해당 분자들을 끝없이 이어진 사슬로 재조합함으로써 중합체를만들어내는 방식이다.

이 원리를 처음 발견한 벨기에 출신의 레오 베이클랜드Leo Hendrik Baekeland는《타임》이 선정한 20세기 위대한 과학자 100인에 선정되기도 했다. 현대 문명의 대표적 발명품인 플라스틱은그 어떤 발명품보다도 우리가 사는 세상을 바꿔놓았다. 하지만플라스틱의 발명이 어떤 파국을 불러일으킬지는 베이클랜드 생전에 아무도 예상치 못했다.

노르웨이의 작가 칼 오베 크나우스고르Karl Ove Knausgård에 따르면, 인쇄기를 비롯해 비행기와 원자력발전소에 이르는 모든 위대한 기술적 성과는 "그 효과가 우리 눈앞에 분명히 나타날 때까지는 보이지 않지만 엄연히 존재하는" 어두운 그림자를 항상 거느리고 있다. 카를 벤츠Carl Benz만 해도 1885년 독일 만하임의 한 차고에서 2사이클 엔진을 만지작거리며 조립할 때, 훗날 해마다 124만 명이 자동차 사고로 목숨을 잃으리라고는 상상도 하지 못했을 것이다. 크나우스고르는 위대한 발명과 과학혁명이 있을 때마다 그 곁에는 보이지 않는 악마가 서 있다고 말했는데 플라스틱 발명에도, 또 발명가 베이클랜드와 그 일가족에게도 긴 그림자가 드리우고 있었다.

베이클랜드 일가의 비극적 운명

베이클랜드는 일찍부터 뛰어난 재능을 보인 아이였다. 벨기에의 겐트에서 구두장이로 일하던 베이클랜드의 아버지는 가난하고 까막눈인 데다 포악한 술꾼이었다. 하지만 아들의 재능을 알아본 뒤에는 값싼 견습공으로 곁에 두는 대신 학교에 가도록 허락했다. 그 결과 베이클랜드는 여러 학년을 월반한 뒤 19살의 나

이로 겐트대학의 입학 허가를 받았고, 26살에 이미 화학과 조교
수가 되어 편한 삶을 누렸다. 셀린 스와르츠Céline Swarts라는 여인
과 결혼한 그는 미국으로 이주해 최초의 상업용 인화지인 벨록
스Velox를 발명했고, 그 특허권을 코닥에 팔면서 백만장자가 되
었다.

부를 거머쥐며 여유를 찾은 베이클랜드는 화학 실험에 몰두
했다. 한번은 실수로 실험재료 표본을 햇볕에 놓아두었는데, 이
때 차가워진 재료가 돌처럼 딱딱해지는 현상을 우연히 발견했
다. 포름알데히드와 페놀 결합물을 가지고 실험을 이어간 베이
클랜드는 자유자재로 형태를 바꿀 수 있는 소재를 만들어냈다.
'베이클라이트Bakelit'라는 이름이 붙은 최초의 합성수지였다. 특
허권을 얻은 베이클랜드는 1909년 2월 5일 뉴욕 55번가 뉴욕 화
학자클럽에서 마침내 베이클라이트를 소개했다. 그가 세운 '제
너럴 베이클라이트 컴퍼니Generral Bakelite Company'는 갑부였던 그
를 초갑부로 만들어주었다. 베이클랜드의 나이 겨우 40살 때의
일이었다.

몰락은 1930년대에 아들 조지가 입사하면서부터 시작되었
다. 당시 뉴욕의 온갖 유혹에 맞서기에는 너무나도 돈이 많았고
편한 삶만 추구했던 조지는 천재의 자식들이 종종 그렇듯 아무
짝에도 쓸모없는 인간이었다. 베이클랜드는 그런 아들을 경멸하
며 강압적으로 대했고, 어쩔 수 없이 회사로 데려온 뒤로도 둘의

다툼은 끊이지 않아 회사가 마비될 지경이었다. 베이클랜드는 정신이 멍할 때가 많았고, 그럴 때마다 조지는 뒤에서 혼자 (대부분 잘못된) 중요한 결정을 내리곤 했다.

나이 든 가장이었던 베이클랜드는 점점 더 괴짜로 변해가면서 여러 강박적 행동을 보였다. 언제부터인가는 통조림으로만 식사를 하겠다고 우기기 시작했다. 또 거대한 열대림을 만든다는 망상에 사로잡혀 플로리다의 코코넛 그로브에 있는 자기 땅에 열대 정원을 꾸몄고, 몇 주 동안 그 안에 틀어박혀 아무와도 말하지 않고 지냈다. 아버지가 병적 상태에 빠진 틈을 타 조지는 가족회사를 유니언 카바이드Union Carbide에 몰래 팔아치웠다.

베이클랜드는 엄청난 부를 남겼지만 원망만 가득한 채 80세를 일기로 뉴욕주 비콘시에 소재한 정신병동에서 쓸쓸히 세상을 떠났다. 이 요양원은 훗날 젤다 피츠제럴드, 마릴린 먼로 등이 머문 곳으로도 유명해졌다.

마침내 아버지에게서 벗어난 조지는 전 세계를 돌아다니며 저택을 사들였다. 그의 가장 큰 꿈은 영국에서 귀족 지주로 인정받는 것이었다. 이를 위해 성대한 파티를 열고 사냥대회를 주최했는데, 참석자들 태반이 누구인지 모를 때도 많았다. 그런 그에게는 자기보다도 훨씬 게으르고 쓸모없는 아들 브룩스가 있었다. 지식인 행세를 하던 브룩스는 집안의 돈으로 페루 원정 여행을 떠났고 돈을 펑펑 쓰지 못해 안달이었다. 툭하면 "조부모한테

'퍽유머니fuck-you money(일하지 않고도 먹고살기 충분한 돈 – 옮긴이)'
를 물려받았다"는 말을 하고 다녔다. 평생 써도 모자랄 엄청난 돈
을 상속받은 그는 기회를 놓치지 않았다. '멍청한 부자'라 불리
는 족속에 딱 어울리는 인간이었다.

브룩스는 누이의 소개로 LA에서 바바라 달리Barbara Daly를 만
났다. 당시 가장 유명한 '잇걸it girl'이었던 그녀는 물결치는 붉은
머리카락과 늘씬한 몸매의 시끄럽고도 엉뚱한 면이 있는《보그》
모델 출신의 20대 초반 여성이었다. 보스턴에서 태어난 그 동부
의 공주는 할리우드에서 막 첫 배역을 따낸 참이었다.

부부가 된 두 사람은 뉴욕 어퍼이스트사이드의 호화 아파트
에 입주했고, 악명 높은 1940년대 뉴욕 상류사회의 사치스럽고
퇴폐적인 생활의 중심에 섰다. 테네시 윌리엄스를 비롯해 살바
도르 달리, 그레타 가르보 같은 유명 인사가 그들의 집에 드나들
었다. 이 시기를 둘러싸고 상상을 초월한 이야기들이 전해진다.

베이클랜드 가문에서 벌어진 유명한 파티 게임 하나를 소개
하면 이렇다. 늦은 저녁, 일렬로 줄을 맞춘 남성들이 상반신을 가
린 스크린 뒤에 서서 바지를 밑으로 내린다. 그럼 여성들은 상대
의 주요 부위를 보고 각자의 배우자를 알아맞힌다. 물론 상대를
잘못 찍을 때마다 일대 소동이 벌어지곤 했다.

브룩스는 수많은 내연녀와 여행을 다니느라 정신이 없었고,
바바라는 호화판 런치 코스를 즐기고 뉴욕에서 가장 유명한 정

신과 의사한테 심리치료를 받으며 오후를 보냈다. 1946년, 바바라는 아들 토니를 낳았다. 부유하게 자랐으나 제대로 보살핌을 받지 못한 토니는 일찍부터 정서적 불안을 보였다. 곤충을 잡아 날개를 찢는 놀이를 즐겼고, 프랑스 남부로 여행을 갔을 때는 혼자 해변에서 놀며 게를 잔뜩 잡아 일일이 다리를 뜯어내는 광경을 보모가 목격하기도 했다. 이 사실을 바바라에게 전한 보모는 즉시 해고되었다. 토니의 부모는 아들이 천재임을 믿어 의심치 않았다.

훗날 정신과 의사에게 털어놓았듯 그는 이미 8살 때 학교에서 첫 동성애 경험을 했고, 14살 때부터는 섹스 파트너를 찾아다녔다. 1967년, 21살이 된 토니는 스페인 여행 중 '블랙 제이크Black Jake'라는 오컬트 집단 우두머리의 손아귀에 들어가게 되었다. 그로부터 LSD를 받아 투약하고 섹스 노예처럼 붙잡혀 지내던 토니는 결국 어머니의 은밀한 도움으로 풀려났고, 두 모자는 함께 마요르카로 갔다.

마음이 여린 독자라면 남은 이야기는 건너뛰는 편이 좋을 것이다. 브룩스는 진작에 연인과 멀리 떠나버렸고, 바바라는 아들 토니의 동성애를 직접 치료해주고자 마음먹는다. 그 방법은 아들과의 동침이었다. 1969년, 두 사람은 근친상간 관계를 맺으며 마요르카에서 여름을 보냈고 뉴욕에 돌아온 뒤에도 그런 관계는 지속되었다. 바바라는 이런 사실을 디너 파티에서 공공연히 떠

벌렸다. "여러분, 내가 어제 우리 아들이랑 함께…….."

　이 대목에서 우리는 뉴욕의 최고 상류층 사교계에 있는 동시에 단테의 묘사만큼이나 끔찍한 지옥의 심연을 경험한다. 뉴욕의 예술 아카데미에 등록한 토니는 그림을 그리기 시작했는데, 목이 잘린 채 온몸에 피를 흘리는 모습으로 어머니를 그렸다. 창의적 글쓰기 수업을 들었던 바바라는 아들과의 섹스를 묘사한 글을 썼다. 그녀는 아들의 잦아지는 난폭한 행동을 두툼한 수표 다발로 수습했고, "세상과 맞지 않는 예술가 성향을 지닌 천재"라며 아들을 두둔했다. 나중에 그녀에게 무슨 짓을 저지를지 모른다는 토니의 정신과 의사의 경고도 무시했다. 토니가 휘두른 지팡이에 큰 상처를 입어 병원에 입원할 지경이 되었을 때도 그녀는 아들을 정신병원에 보내기를 거부했다. 놀랍게도 바바라는 자기 아파트에서 계속해서 화려한 디너 파티를 열었다. 그런 파티가 열릴 때면 늦은 시간에 토니가 팬티 차림으로 응접실이나 식탁으로 쳐들어와 부엌칼을 휘두르며 어머니와 손님들을 위협하기 일쑤였다.

　1970년대 초, 바바라는 토니와 함께 런던으로 거처를 옮겼다. 첼시의 카도간 스퀘어 지역에 들어선 새 아파트는 런던의 부촌 슬론 스퀘어 인근에 자리한, 붉은 벽돌로 지어진 궁전 풍의 호화로운 건물이었다. 바바라는 예전처럼 디너 파티를 열었고, 토니의 행동은 점점 거칠어졌다. 한번은 킹스 로드의 도로에서 달리는 차로 바바라를 밀치려는 일도 있었다. 다행히 가벼운 상처로 끝났는데, 이번에도 토니는 정신병원에 입원하기를 거부했다. 그를 치료하던 정신과 의사는 카도간 스퀘어 81번지를 잘 감시해달라고 첼시 경찰서에 신신당부하기도 했다. 그러면서 난폭한 미치광이가 어머니와 살고 있는데 그녀의 수표책 덕분에 아직 자유롭게 돌아다니고 있다는 설명도 잊지 않았다.

1972년 11월 17일, 바바라는 친한 러시아 공주 미시와 만나 점심을 먹었다. 저녁 7시가 조금 지나 미시에게 전화를 한 경찰은 바바라를 마지막으로 본 게 언제인지 물었다. 훗날 경찰은 사건의 전모를 이렇게 재구성했다. 점심을 먹고 돌아온 바바라와 토니 사이에 다툼이 벌어졌다. 부엌칼을 집어 든 토니는 칼로 한 차례 바바라를 찔렀는데, 그 칼끝이 심장 동맥을 건드렸다. 피 흘리는 어머니를 그대로 방치한 토니는 사망 후 몇 시간 뒤에야 신고했다. 경찰이 집에 들어왔을 때 토니는 침실에 앉아 있었고, 마침 중국음식점에서 저녁 식사를 배달시켜 먹으려던 참이었다.

아들이 아내를 살해했다는 소식을 들은 브룩스는 베이클랜드 가문 특유의 연민을 표하며 이렇게 말했다. "두 사람은 단지 나를 화나게 하려고 그런 짓을 벌인 거야."

이후 토니는 런던의 브로드무어 교도소에 수감되었다. 그로부터 7년 뒤 가족과 변호사는 그를 다시 뉴욕으로 데려오려고 갖은 노력을 다했다. 집착과 증오의 대상인 어머니가 세상에 없기에 이제 위험한 존재가 아니라는 감정서를 고가의 상담료를 받는 정신과 의사들이 써주었다. 토니는 담당 교도관의 호송 하에 뉴욕으로 가도 좋다는 허가를 받았다. 뉴욕에서 바바라의 어머니인 외할머니와 함께 살게 된 토니는 외할머니마저 칼로 공격했고, 중상을 입은 외할머니는 간신히 목숨만은 구했다.

엄청난 신탁재산을 보유한 토니는 리커스 섬 교도소로 보내진 뒤 잘 봐주는 대가로 상납금을 바치라는 협박을 당하곤 했다. 당시 여러 증언에 따르면, 토니는 교도소 생활에 비교적 만족했던 것 같다. 돈을 지불하는 고객들에게 남자 매춘부와 성매매를 알선하거나 한 교도관과는 은밀한 관계를 맺기도 했다. 또 잔인하기로 악명 높은 성범죄자이자 아동 살해자이며 공포의 대상이었던 한 수감자와도 관계를 유지했다. 1981년 3월 20일, 토니 베이클랜드는 한 동료 수감자에 의해 살해되었다. 살해 동기는 명확히 밝혀지지 않았다.

살해 도구로 사용된 비닐봉지를 두고는 이러쿵저러쿵 말이 많았다. 뭔가 비밀스럽고 아이러니한 연관이 있는 듯 보였는데, 섬뜩한 우연이 아닐 수 없었다. 확실한 것은 인류 역사상 가장 끔찍한 발명품 중 하나가 충격적인 가족사를 지닌 남성에 의해 세상에 나왔다는 사실, 그리고 모든 위대한 기술적 업적은 그림자를 수반한다는 크나우스고르의 말이 옳다는 사실이다.

플라스틱에 점령당한 바다와 인체

베이클랜드가 만들어낸 괴물에 관한 몇 가지 객관적 사실을 소개하면 다음과 같다.

플라스틱의 최대 장점은 썩지 않고 오래간다는 것인데, 이는 가장 심각한 골칫거리이기도 하다. 플라스틱의 분해 기간은 두께와 밀도에 따라 다르지만 500년부터 2,000년에 걸쳐 있다. 1909년 2월 5일 뉴욕 화학자클럽에서 첫선을 보인 이래 현재까지 83억 톤가량의 플라스틱이 생산되었다. 이 중 63억 톤 정도는 아직도 남아 있는데(대부분 바닷속에 있다) 서서히 분해되는 과정에서 독성물질과 가스를 내뿜으며 인간의 먹이사슬에 유입되고 있다.

해양 쓰레기 청소에 앞장서는 비영리단체 오션 클린업Ocean Clean-up의 프로젝트 같은 것은 사실상 큰 의미가 없을지도 모른다. 무수한 쓰레기가 끝없이 밀려드는 현실은 마치 부엌이 물에 잠기는 상황에서 수도를 잠그는 대신 걸레로 바닥부터 닦는 것과 비슷하기 때문이다.

2030년까지 합성수지에 대한 수요는 두 배로 늘어날 전망이다. 또 2050년까지 ─조심스럽게 추정하자면─ 400억 톤의 합성수지가 추가로 생산될 것으로 보인다. 코카콜라 한 곳에서만 매시간 1,000만 개의 일회용 페트병이 쏟아지고 있다(연간 약 900억 병에 해당한다).

전문가들은 벌써부터 '플라스토칼립스plastokalypse(플라스틱과 아포칼립스의 합성어 ─ 옮긴이)'를 말하고 있다. 아울러 인간은 이미 오래전 플라스틱에 대한 통제를 상실했고 산업 전반이 합성수지에 크게 의존하는 마당에 ─ 파이프에 쓰이는 PVC부터 건축 시 유리를 대신하는 아크릴, 의류 소재인 나일론을 포함해 핸드폰, 컴퓨터, 집, 자동차 등에 쓰이는 온갖 플라스틱에 이르기까지 ─ 합성수지 산업을 포기하고 과거로 회귀할 가능성은 제로라고 지적한다.

플라스틱이 우리 건강에 미치는 영향에 대해서는 아직 제대로 된 연구가 이루어지지 않고 있다. 다만 합성수지에 포함된 가소제 및 기타 유독물질이 유전질에 침투해 불임과 암을 일으킬 가능성이 우려된다. 5밀리미터 미만의 지름으로 화장품과 치약에도 사용되는 미세 플라스틱 입자가 주는 위험성에 대해서도 많은 사람이 알게 되었다. 꿀, 빵, 바다 소금, 맥주, 먹는 물 등 미세 플라스틱이 없는 곳이 없을 정도다. 유럽인 93퍼센트의 소변에서 플라스틱병 같은 일상 제품에 포함된 비스페놀 성분이 검출된다. 호주 뉴캐슬대학교에서 실시해 유명해진 이른바 '신용카드 한 장' 연구 이후 우리는 전 세계인이 심한 경우 매주 신용카드 한 장 무게와 맞먹는 5그램의 플라스틱을 섭취한다는 사실을 알게 되었다. 매년 1,000만 톤이 넘는 플라스틱이 바다로 흘러가면서 2050년까지 바다에는 어류보다도 플라스틱이 더 많아질 것으로 예측된다. 바닷새의 약 90퍼센트는 배 속에 플라스틱이 들어 있는데, 2018년 스페인 해안가로 떠밀려온 고래 사체의 배 속에서는 32킬로그램에 달하는 플라스틱 봉지가 발견되기도 했다.

2019년, 독일 최대 환경단체인 환경자연보호연맹BUND과 하인리히 뵐 재단이 공동으로 진행한 연구에서는 플라스틱의 무분별한 사용을 막는 전략들이 아직까지는 별 효과가 없다는 냉철한 결론에 이르렀다. 그동안 유럽인들이 포장용기 쓰레기를 줄이려고 애쓴 것은 사실이지만 이로 인해 전력을 생산하는 많은 소각장이 갈수록 연료 부족에 시달리고 있다. 독일에서 플라스틱 폐기물을 담아 버리는 노란색 재활용 봉투의 인기가 높아지는 이유도 여기에 있다. 세척한 플라스틱 컵에는 석유 성분이 들어 있어 소각로에 집어넣을 최적의 원료로 꼽힌다.

이처럼 우리가 플라스틱 폐기물을 소각해 이를 '리사이클링'이라고 부르는 동안, 아시아에서는 플라스틱 폐기물이 산더미처럼 쌓이고 있다. 지구 오대양을 떠돌아다니는 플라스틱 쓰레기의 90퍼센트가 아시아와 아프리카의 10개 강을 통해 바다로 유입되는데, 중국의 양쯔강에서만 해마다 150만 톤의 플라스틱이 바다로 흘러 들어간다.

플라스토칼립스에서 벗어날 길은 없을까?

그렇다면 쓰레기를 줄이려면 어떻게 해야 할까? 초밥을 시켜 먹거나 인터넷으로 주문한 택배 상자를 열어본 뒤 쓰레기통을 들여다보면 답이 떠오를 것이다.

독일 환경부에서는 어떻게 하면 플라스틱 쓰레기("오이를 포장한 비닐랩, 과일 및 채소를 고정하기 위한 값비싼 플라스틱 포장 등")를 줄일 수 있는지에 관한 조언을 파일로 제작해 온라인으로 제공하고 있다. 재래시장에 가면 따로 포장하지 않은 과일과 채소를 살 수 있고, 앞서 소개했듯 힙스터들이 즐겨 찾는 상점에서는 직접 들고 간 용기에 쌀도 담아올 수 있다. 플라스틱 쓰레기의 절반 정도가 포장재에서 발생하는 만큼 이런 행동들은 당연히 큰 도움이 된다. 다만 퇴비 만들기와 쓰레기 분리, 요구르트 용기 세척 같은 바람직한 노력에도 불구하고 기억할 것이 있다. 우리의 사고방식이 베를린이나 프라이부르크에만 머문다면 아무것도 달라지지 않는다는 사실이다.

'전 지구적으로 사고하되 지역적으로 행동하라think globally, act locally'는 말이 있다. 전 지구적인 사고는 멋지고 훌륭한 일이지만 중요한 것은 좁은 시야에서 벗어나 '플라스토칼립스'의 폐해가 가장 심각한 곳에서 독일의 자본과 기술을 활용해 문제와 맞서 싸우는 것이 아닐까? 독일 정부는 기후기금을 설치해 리사이클링 기술 수출 지원 자금을 마련했지만 그 액수는 ―가령 아시아와 아프리카 대륙을 통틀어 10년간 5000만 유로― 협상 대표단에 제공할 비스킷을 구입하는 비용 정도에 불과한 실정이다.

쓰레기(폐기물) 문제가 거론될 때마다 그 본질은 사실상 플라스틱이라고 할 수 있다. 쓰레기가 문제 된다는 사실 자체가 합성수지 발명의 결과이기 때문이다. 그 전만 해도 쓰레기란 존재하지 않았다. 200년 전까지는 쓰레기란 말조차 낯설었다. 늘 모든 것을 재활용했던 시골에서는 어차피 쓰레기란 게 있을 수 없었다.

독일에서 도시인들은 무조건 내다 버려야 하는 것을 '운라트Unrat(독일어로 '쓰레기, 오물'이라는 뜻 – 옮긴이)'라고 불렀는데, 이를 처리할 때는 지극히 속된 방식을 동원했다. 즉 창밖으로 쏟아 버리거나, 좀 더 체계적인 방법을 쓴다면 분뇨구덩이에 버리는 식이었다. 뮌헨에는 수백 년에 걸친 아주 특별한 쓰레기 처리법이 있었다. 이른바 '달리는 돼지'를 활용하는 방법으로 도시 전역에 돼지들을 풀어 쓰레기를 먹어 치우게 한 것이다. 돼지들이 뮌헨 시민들의 쓰레기를 먹어 치우고 나면 시민들은 나중에 그 돼지를 구워 먹거나 소시지로 만들어 먹었다. 가히 순환 경제의 모범적 사례가 아닐 수 없다.

19세기 들어 도시가 커지고 조밀해지면서 뒤뜰에 있던 퇴비 더미와 분뇨구덩이도 사라지고, 쓰레기 처리 문제를 두고 고민도 깊어졌다. 하지만 당시만 해도 쓰레기는 주로 분뇨를 뜻했고, 그 뒤처리는 큰 문젯거리가 되지 않았다. 19세기 중반부터 독일 대도시에 하수도 망이 갖춰졌고, 20세기로 접어들면서 분뇨 비료 공장이 생기면서 인간의 배설물을 가루로 만들어 농사에 거름으로 썼다. 합성수지가 발명되기 전만 해도 가정 쓰레기는 오늘날 유기 폐기물이라 불리는 먹다 남은 고기와 채소, 재로 이루어진 미세 폐기물 등이 대부분이었다.

2차 세계대전이 끝나고 1950년대 말 전 국민을 위한 번영의 시대가 도래하면서 폐기물을 둘러싼 상황도 돌변했다. 급증하는 쓰레기는 도시계획가들을 충격에 빠뜨렸고, 합성수지의 대중화는 처음으로 포장재 쓰레기라는 현상을 초래했다. 이에 도시 당국은 대형 쓰레기차를 투입하고 (플라스틱으로 만든) 가정용 쓰레기통을 늘리고 쓰레기 소각을 통해 폐기물을 발전소와 공장 원료로 사용하는 식으로 대응했다. 다시 말해 지하수로 스며든 유해물질이 유독가스를 발생시킬 수 있어 오래된 광산 등지에 폐기물을 쏟아버리면 위험함을 이미 깨달은 것이다. 플라스틱 덕분에 쓰레기는 여기저기서 탐내는 재화가 되었다. 지난날 가연물, 분뇨, 재, 깨진 조각, 헌 옷 등에 국한되었던 쓰레기가 이제는 인기 좋은 연료가 된 것이다. 현재까지의 상황은 그렇다.

그런데 독일이야말로 환경 분야의 선두주자가 아닌가? '그뤼너 풍크트Grüner Punkt(포장재 폐기물 재활용 제도 – 옮긴이)'를 발명하고 재활용을 의무화한 것도 바로 독일인들이다. 다만 독일에서는 플라스틱을 '열처리'하더라도, 즉 태워버리더라도 재활용한 것으로 본다. 우리가 버린 플라스틱 폐기물 중 적어도 60퍼센트는 소각된다. 심지어 플라스틱 쓰레기는 '대안적' 연료로 각광받기도 한다. 폐기물 중 아프리카와 아시아로 수출되는 14퍼센트 정도도 재활용된 것으로 여긴다. 그곳에 도착하면 대부분 불법 폐기물 더미로 직행하는 것이 현실이지만 말이다.

집에서 요구르트 용기를 깨끗이 세척하고(폐기물 수거 규정에 따라 "잔여물을 없애고", "한 방울도 남기지 않고", "내용물을 완전히 비우고"), 플라스틱병을 노란 비닐봉투에 담아 배출할 때 우리는 그렇게 버린 플라스틱 컵에서 수많은 작은 플라스틱 컵이 새로 태어나리라 믿는다. 하지만 실제로는 플라스틱의 경우 ─유리를 재생하는 오래된 방법을 일컫는─ '재료 리사이클링'이 번거롭고 비용도 많이 드는 데다 연료로서의 수요도 높은 편이다. 현재 사용되는 포장재는 재료 리사이클링이 어려운데 (이 자리를 빌려 테트라 팩을 발명한 라우싱 씨에게 인사드린다) 다양한 재료가 섞여 있고 이렇게 혼합 성분이 많을수록 재분리 작업도 곤란해지기 때문이다.

결국 플라스틱은 우리가 감당하기 힘든 근대의 발명품이 되어 버렸다. 여기서 벗어날 길은 없을까?

인간에 대한 예의로서의 분리수거

다 쓴 뒤 퇴비로 만들어지는 바이오 플라스틱이 발명되었는데, 칠레의 로베르토 아스테테Roberto Astete가 개발한 '솔루백Solubag'이 대표적 사례다. 합성수지처럼 보이는 이 장바구니를 사용한 다음 따뜻한 물에 집어넣으면 저절로 용해된다. 문제는 이 신기술에 흘러든 투자금이 적어 시장에서 살아남기에는 너무 비싸다는 점이다. 게다가 옥수수와 감자 따위로 만든 바이오 플라스틱으로 어떻게 연간 5억 톤에 달하는 합성수지 수요를 충당한단 말인가? 소재 생산에 필요한 경작지는 또 어디서 구할까?

미하엘 브라운가르트도 지적했듯 플라스틱의 미래는 밝다. 하지만 그러려면 기업들이 전 세계에서 똑같은 포장재를 사용한다는 원칙과 작별해야 한다. 이 원칙 덕분에 테트라 팩을 발명한, 베이클랜드 가문 못지 않게 비극적인 가족사를 지닌 루벤 라우싱Ruben Rausing은 세계 최고의 부자 반열에 올랐다.

브라운가르트는 지역에 따라 포장재도 달라야 한다고 주장한다. 오래전부터 시장에 맞는 다양한 제품들을 내놓은 럭셔리 제품, 패션, 화장품 업계처럼 포장산업에서도 그런 시도가 성공하지 말라는 법이 있냐고 되묻는 그는 선진 기술을 보유한 서구 국가에서 중합체를 새로운 포장재 재료로 활용할 수 있으리라고 말한다. 아니면 중국 같은 나라들에서는 유독한 잔여물을 배출하지 않고 썩기 때문에 열차 밖으로 내던져도 무방한 포장재를 생산해야 할지도 모른다. 어쩌면 토종 식물의 씨앗을 그 안에 넣어두어 포장재가 분해되는 동안 뿌리를 내리게 할 수도 있을 것이다.

'플라스틱 은행The Plastic Bank'을 설립한 기업가이자 자선가인 데이비드 카츠David Katz의 구상도 이에 못지않게 혁신적이다. 카츠는 "플라스틱 쓰레기의 80퍼센트는 국민 대다수가 빈곤층인 나라에서 발생한다. 당신 삶에서 생존 문제가 가장 절실하고 잠잘 곳과 따뜻한 한 끼 식사를 걱정해야 한다면 재활용 따위는 아무래도 상관이 없을 것"이라고 말한다. 카츠의 플라스틱 은행에서는 버려지는 플라스틱 폐기물에 대해 돈과 서비스 또는 재화를 지불함으로써 빈곤과 플라스틱 쓰레기 퇴치에 앞장선다. 2015년 아이티에서 설립된 플라스틱 은행은 플라스틱을 새로운 형태의 화폐로 자리 잡게 하면서 그곳 주민들에게 60만 달러를 제공했다. 2017년부터는 글로벌 소비재 대기업 헨켈과도 협업을 시작했는데, 곳곳에 플라스틱 수집센터를 세워 지금까지 총 35톤이 넘는 플라스틱을 모았고 헨켈 측은 이를 포장재로 활용해 '사회적 플라스틱'으로 시판 중이다. 화장품 회사 러쉬도 플라스틱 은행과 협력해 여기서 얻은 재료로 튜브 용기 등을 생산한다.

이제 남은 질문은 우리가 사는 곳에서 쓰레기를 각기 다른 수거함에 분리하는 일이 과연 의미가 있을까 하는 것이다. 지역마다 다르고 수시로 바뀌는 폐기물 규정과 분리수거 지침에 우리는 얼마나 많은 에너지를 쏟고 있는가? 대부분의 쓰레기가 결국에는 소각장으로 향하지 않는가? 간단히 대답하면 이렇다. 도의적 차원에서라도 우리는 쓰레기 분리수거를 해야 한다. 이를 무시한 모든 행동은 '아프레 무아 르 델루지après moi le déluge', 즉 내가 죽은 뒤에 무슨 일이 일어나든 알 바 없다는 식의 태도나 다름없다. 유기 폐기물용 갈색 수거함을 세워둔 것은 잘한 일이다. 거기에 '이물질'을 집어넣지만 않는다면 말이다. 이 친환경 수거함에 플라스틱 조각을 버리면 결국 방독면을 뒤집어쓴 채 컨베이어 벨트 앞에 서 있는 작업자들이 힘들게 끄집어내야 한다. 그러니 최대한 쓰레기를 줄이고 발생한 쓰레기는 제대로 분리하는 것이 인간에 대한 예의이기도 하다.

왜 개와
고양이는 되고,
소와 돼지는
안 될까?

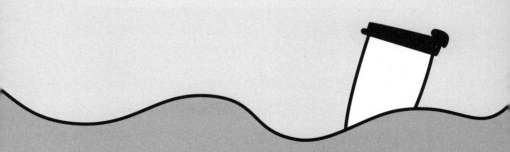

동물을 존중할 줄 모르는 자는
인간다운 삶을 살 수 없다.

_알프레트 브렘 Alfred Brehm, 동물학자

태국의 와치랄롱꼰 국왕은 반려견인 미니어처 푸들 '푸푸'를
끔찍하게 사랑한 나머지 녀석을 공군 대장에 임명했다. 푸푸는
2015년 17살의 고령으로 사망할 때까지 고용인이 딸린 궁전을
소유하고 국고에서 나오는 보수까지 챙겼다. 훗날 위키리크스
가 폭로한 미국 정부 문서에 따르면, 특별히 맞춘 제복을 입고 니
스칠을 한 검은색 강아지용 신발을 신은 푸푸가 국가 공식 만찬
에 나타난 사실을 미국 대사 랠프 L. 보이스Ralph L. Boyce가 보고
하기도 했다. 녀석은 만찬 중 멋대로 왕실 식탁 위를 뛰어다니
며 귀빈들의 유리잔을 핥고 음식까지 마음대로 먹어 치웠다고
한다.

　　한때 왕들의 전유물로서 봉건시대에 위신을 뽐내는 상징물
로 여겨졌던 반려동물은 서로 교환하거나 선물로 주고받던 대상
이었다. 프랑크 왕국의 카롤루스 대제는 동방의 군주에게 흰 코
끼리를 선물로 받기도 했다. '아불 압바스Abul Abbas'란 이름의 코
끼리는 아헨 궁정의 화젯거리가 되었지만 행복하지는 못했다.
한편 시칠리아인으로 신성로마황제에 오른 프리드리히 2세는

키프호이저 산에 잠들어 있으면서 언젠가 독일을 구하러 온다는 전설 속 주인공이 되어 오랫동안 동경의 대상이 되었던 왕으로 특히 치타, 원숭이, 이국적인 새 따위가 포함된 화려한 개인 동물원을 보유해 여행을 갈 때 함께 데려간 것으로 유명하다. 전설에 따르면 그런 모습이 엄청난 경외심을 불러일으킨 나머지 무력을 쓰지 않고도 여러 차례 전투에서 승리했다고 한다. 그런 삶을 사는 이에게는 복종밖에 다른 도리가 없다고 여겼던 것이다.

개보다 고양이가 지구에 덜 해롭다

위키피디아에 따르면 오늘날 독일에는 약 3,400만 마리의 반려동물이 살고 있다. 인구가 훨씬 많은 러시아에 이어 유럽에서는 두 번째로 많은 수이다. 어쩌면 기후 논의가 반려동물 수를 줄이는 문제를 고민케 하는 계기가 될 수도 있을 것이다.

독일에서는 개 한 마리당 연평균 2.5톤의 이산화탄소를 배출한다. 개가 소비하는 육류만 따져봐도 여기서 연간 2톤의 이산화탄소가 발생한다. 다른 반려동물은 훨씬 검소한 생활을 하는데, 햄스터나 카나리아의 배출량은 연간 0.1톤에 그친다. 우리 집도 몇 년간 개를 키웠는데, 잭 러셀 테리어종으로 '베포'라 불렸던 녀석은 한창 혈기 왕성할 때는 내 친구들 사이에서 '호색 백작'이라는 별명을 얻기도 했다. '데 모르투이스 닐 니시 베네De mortuis nil nisi bene(죽은 자에 대해서는 악담하지 말지어다)'라는 라틴어 경구가 개한테도 예외가 아닐진대, 여기서 녀석에 대한 험담은 삼가는 게 좋겠다. 더구나 나중에(전자책으로도 내려받을 수 있을 때는) 이 책을 우리 아이들이 볼지도 모르기 때문이다. 어쨌든 몇 년 전 베포가 평화롭게 세상을 떠난 뒤로 내가 키운 것은 종벌레 몇 마리가 전부였다. 종벌레가 뭔지 궁금하다면 구글링을 해보길 바란다(구글링이라는 표현을 썼지만 나는 '에코시아'라는 검색엔진을 말한 것이다. 투박한 명칭 탓에 아직 고유의 동사형이 없을 뿐이다). 까탈스럽지 않고 아주 작아서 '깜찍하다'는 표현이 딱 어울리는 종벌레의 주요 메뉴는 박테리아다. 즉 탄소 중립적인 반려동물이다.

물론 개를 좋아하지 않는다면 개 키우는 문제로 고민할 필요조차 없을 것이다. 몇몇 유명한 사례가 있다. 독일의 개 혐오자 중 가장 유명한 인물은 괴테였고, 가장 익살스러운 인물은 투홀스키Kurt Tucholsky(유대계 작가이자 저널리스트. 반전주의자로 유명하다 – 옮긴이)였다. 투홀스키는 사실 견주 혐오자에 가까웠다. 노련한 좌파 전사였던 투홀스키가 못마땅해한 것은 무엇보다도 개와 사람 간의 맹목적인 복종 또는 추종 관계였다. 그는 〈부하 관계에 있는 개〉(1922)라는 제목의 글에서 "천만에. 나는 절대 개를 혐오하지 않는다. 여단장처럼 개를 다루는 특정한 인간 종자를 혐오할 뿐이다"라고 썼다. 이런 태도는 프로이센식 관료주의 국가라는 시대적 상황 속에서 이해해야 한다. 1927년, 투홀스키가 주간지 《벨트뷔네Weltbühne》에 〈개와 소란과 소음에 관한 논문〉을 발표하자 빗발치는 항의 속에 구독 취소가 잇따랐고, 나치 기관지 《푈키셔 베오바흐터Völkischer Beobachter》조차 그를 맹비난했다. 클라우스 로렌첸Claus Lorenzen이 견주 혐오자 투홀스키를 영원히 기리기 위해 클라우스 엔지카트Klaus Ensikat의 삽화와 함께 펴낸 책에서 이를 확인할 수 있다. 투홀스키는 친구 게오르게 그로스George Grosz에게 이런 해명을 보내기도 했다.

논문의 풍자적 성격에 대해서는 자네에게 일일이 설명할 필요조차 없을 것 같네. 아무튼 그 때문에 우스꽝스럽기 짝이 없는 편지를 수없이 받았다네.

그중 그나마 악의 없는 한 편지에는 개들이 그를 보고 짖는 것은 당연하다는 지적도 들어 있었다.
투홀스키의 에세이에는 이런 구절도 눈에 띈다.

인간의 조야한 소유욕이 개 안에 그대로 나타나 있다. 편집증적 자본가인 개는 스스로 사용할 수 없는 소유물을 감시한다. 오직 소유물 자체를 위해서…….

개 주인, 즉 "개를 잡아매거나 가두는 자는 스스로 줄에 묶여 갇혀야 마땅하다"고 한 투홀스키는 지옥을 이렇게 상상한다.

제국국방군 대위와 야간에 교대하는 프로이센 지방재판소장의 감시하에 나는 거대한 끓는 솥 안에 앉아 있다. 솥 앞에서는 의자에 앉은 채 누군가가 내게 오래된 사설을 읽어준다. 솥 옆의 개 우리에는 42마리의 개들이 갇혀 있는데, 일어선 채로 혹은 누운 채로 낑낑거리고 울부짖고 짖어대고 "아우우우" 긴 울음소리를 낸다. 이따금 천국에서 방문객이 찾아와 아직 내가 거기 있는지 애처로운 얼굴로 확인한다. 이것이 그 경건한 방문객의 소화작용을 도와준다. 그리고 개들이 짖는다······!

당시 문학계에서는 개보다 고양이에게 훨씬 후한 점수를 주었다. 1920년대에 유명한 작품으로는 투홀스키와 동시대인이었던 악셀 에게브레히트Axel Eggebrecht의 에세이와 단편집 《고양이들Katzen》이 있다. 에게브레히트는 고양이를 겸손하게 자신을 낮춰 인간과 공동생활을 하면서도 독립적이고 자유롭게 살아가는 동물로, "무도덕의 궁극적이고 신성한 체현"으로 예찬한다.

기후 문제 측면에서 보자면 분명 개보다는 고양이가 지구에 덜 해롭다. 개에 비해 도시 생활에 훨씬 잘 적응한다는 점에서도 그렇다. 도시에서 닥스훈트보다 덩치 큰 개를 키운다는 것은 트레일러가 달린 트랙터를 끌고 번화한 뮌헨의 슈바빙 지역이나 함부르크의 쇼핑가 그로세 블라이헨을 달리는 것만큼이나 부조리한 일이다. 개는 시골집에나 어울리는 동물이다. 젖은 털에 퀴퀴한 냄새를 풍기며, 고무장화와 사냥총을 보관한 캐비닛이 놓인 현관이나 부속실의 낡은 깔개에 누워 있는 모습이 한결 자연스럽다. 그런 시골 개들에게는 큰 관심을 주면 안 된다. 반면 응석꾸러기로 자란 도시 개들은 쇠락하는 문화의 상징이다.

도축되는 동물들의 끔찍한 비명

문명사회라는 관점에서 볼 때 얼토당토않은 현실은 또 있다. 수백만 마리에 이르는 포유동물을 애지중지 키우며 사료와 장난감과 액세서리에는 어마어마한 돈을 쓰면서, 다른 한쪽에서는 인간과 유전적으로 가까운 돼지에 대해서는 이름을 부르면서 인사하고 안아주기는커녕 도살공장에 가두는 현실을 어떻게 봐야 할까?

여러 충격적인 책에서 어떻게 동물들이 공장식으로 사육되는지 쉽게 확인할 수 있다. 이를테면 단지 고깃덩어리로 사육되는 칠면조는 새장 속에서 꼼짝달싹 못한 채 갇혀 지내는데, 가슴 근육 크기가 칠면조가 살아가는 이유의 전부라 할 수 있다. 유전적 다양성 감소는 건강상 부작용을 초래하는데, 이런 현상이 가

금류 사육에서 극단적 형태로 나타나고 있다(전 세계 알 낳는 닭의 90퍼센트가 대기업 두 곳에서 사육된다).

미국의 심리학자 멜라니 조이Melanie Joy는《왜 우리는 개는 사랑하고 돼지는 먹고 소는 신을까》에서 이렇게 말한다.

우리 접시에 올려지는 육류 대부분을 생산하는 공장들은 대개는 눈에 띄지 않는다. 볼 수가 없다. 보지 못하는 까닭은 누구도 갈 일이 없는 외딴곳에 있기 때문이다. 입구까지 가더라도 입장이 허락되지 않기 때문이다. 운반 트럭이 봉인된 채 아무 표시 없이 돌아다니기 때문이다. 보지 못하는 까닭은 그것을 봐서는 안 되기 때문이다.

독일인은 1년간 평균 46마리의 돼지를 먹어 치운다. 실제보다 많게 느껴지는 것은 우리가 먹는 음식 속에 보이지 않는 형태로 들어 있기 때문이다. 생선이나 닭고기를 먹을 때는 어떻게든 그 사실을 알게 되지만, 돼지고기는 대부분 형체를 알아볼 수 없게 잘게 썬 베이컨 조각이나 햄으로 가공되어 소비된다.

다행히도 나는 아직까지 대량 도축장 내부를 직접 들여다볼 일이 없었다. 하지만 친구들을 만나러 이따금 레다 비덴브뤼크에 갈 때면 독일 시장 점유율 1위의 육가공업체 퇴니에스Tönnies의 거대한 공장과 마주친다. 이곳에서만 해마다 1,600만 마리 이상의 가축이 도축된다. 다시 말해 일요일과 공휴일을 포함해 매일 4만 건 이상의 도축이 벌어진다는 뜻이다. 거기서 일어나는 일들이 비정상적이라는 건 누구나 직감할 것이다. 구멍 뚫린 철판 위에 빽빽하게 가둬 키우는 20만 마리의 새끼 돼지들은 평생 햇빛을 볼 일이 없고, 녀석들의 삶의 목적은 오로지 통통하게 살을 찌워 도축되는 데 있다. 정말이지 상상을 뛰어넘는 잔인함이다.

인간의 동료 피조물인 돼지에 대해 좀 더 이야기해 보자. 코라 슈테판Cora Stephan이 〈돼지 키우는 여인의 체험기Aus den Memoiren einer Schweinezüchterin〉에서 들려주듯, 돼지는 "돌고래만큼이나 영리하고 여리고 사랑을 나눌 때 지치는 법이 없고 예민하기 그지없어 아무하고나 교접하지 않는다". 게다가 "돼지들은 놀기 좋아하면서 즐거움을 찾고 버릇없지만 충직하고 달리기와 수영에도 능한데, 사람들이 스스로가 말할 줄 아는 돼지와 가깝다는 점에 충격받지만 않는다면 우리 인간의 최고의 친구가 될지도 모른다. 서로 닮은 관계가 심한 적대감으로 이어지는 경우는 이번이 처음은 아닐 것이다". 그뿐만 아니라 돼지들이 자기를 돌봐주는 주인을 목소리로 알아보고, 복잡한 꿀꿀 소리로 서로 의사소통을 하고, 특정 번식 파트너와 밀회를 나누기 위해 계획을 세울 줄 안다는 사실도 잘 알려져 있다.

내가 어렸을 때 우리 가족은 몇 년간 친척의 도움으로 아이펠(독일 서부의 고원지대 - 옮긴이)에 자리한, 해자로 빙 둘러싸인 성에서 방 몇 개를 빌려 지낸 적이 있었다. 그곳에서 같이 놀던 친구들은 십여 마리의 돼지를 키우는 소작인의 자식들이었다. 오랜 시간 돼지들과 어울려 놀았던 나는 녀석들에게 이름을 지어주고 쓰다듬어주기도 했다. 그런데 어느 날 오후 불쑥 농장을 찾은 나는 돼지 중 절반이 사라진 것을 발견하고 깜짝 놀랐다. 나중에 멀리서 들려오는 비명을 통해 처음으로 도살의 순간을 경험했다. 녀석들이 내지르는 소리는 끔찍했다. 브루노라는 이름의 그 소작인은 자식들에게도 심한 손찌검을 했다. 이렇듯 어릴 때부터 돼지 잡는 것을 인간의 잔인함과 연상시켰던 나는 편견에서 완전히 자유로울 수 없을지도 모른다. 하지만 베를린의 이웃인 토마스 마호Thomas Macho가 쓴《돼지Schweine》를 읽은 뒤로는, 문화사적으로 볼 때, 돼지를 향한 애정이 나만의 예외적 현상이 아님을 깨달았다.

고등동물 돼지와 친구가 되는 법

처칠도 이런 말을 남겼다.

> 나는 돼지를 사랑한다. 개는 우리를 우러러보고 고양이는 우리를 내려다보지만, 돼지는 우리와 동등한 위치에서 만난다.

마호는 먼 옛날 돼지가 얼마나 높은 지위를 누렸는지 상기시킨다. 꽥꽥거리는 돼지 소리가 갓난아기 시절 제우스의 울음소리를 압도한 덕에 제우스는 아버지 크로노스의 공격을 피할 수 있었고(크로노스는 제우스를 뺀 나머지 자식들을 태어나자마자 집어삼켰다), 오디세우스가 이타카에 상륙하자마자 찾은 곳은 돼지우리였다. 또 돼지를 향한 고대 로마인들의 호감은 돼지치기가 중요인물로 등장하는 영원의 도시 로마의 건립 신화까지 거슬러 올라간다. 테베레강에 버려진 쌍둥이 로물루스와 레무스는 늑대의 보살핌을 받는다(플루타르코스의 말을 직접 들어보자. "강가에 누워 있는 아기들에게 늑대가 찾아와 젖을 먹이고 딱따구리가 먹이를 물어다 주며 보살펴 주었다." 흔히 이런 자세한 사정은 간과되곤 한다).

마호가 강조하듯 로물루스와 레무스를 키운 것은 암컷 늑대이지만 파우스툴루스라는 돼지치기가 쌍둥이를 발견해 아내에게 키우게 했다는 사실은 흔히 대충 넘어가곤 한다. 라틴어 '루파lupa'에는 암컷 늑대뿐만 아니라 매춘부라는 뜻도 있어서 아이들을 양육한 것은 늑대가 아니라 돼지치기 파우스툴루스의 아내인 창녀 라렌티아Larentia였고, 결국 암컷 늑대 이야기는 로마 건국 아버지들의 뿌리를 감추려는 의도에서 만들어졌을 수도 있다는 얘기이다.

마호의 설명에 따르면 돼지가 최고의 지위를 누리는 곳은 아시아다. 중국과 일부 태평양 섬에서 돼지 도살이 이루어졌지만,

계약이나 동맹을 맺는 차원에서 엄숙하게 행해지거나, 인간을 대신해 제물로 바쳐지는 때가 많았다. 적어도 아시아에서는 돼지가 더럽다는 평을 듣기는커녕 행운과 다산과 부의 상징으로 여겨졌다. 마호는 돼지가 수렵과 채집인들 사이에서 자유롭게 자라는 태평양의 섬들을 소개한다.

성대한 의식을 열어 갓 태어난 새끼 돼지에게 이름을 지어주고, 여인들은 돼지를 아기인 양 꼭 안고서 젖을 빨도록 한다.

이 밖에 뉴기니섬 서부 중앙고원에서 에이포Eipo 부족이 돼지들을 어떻게 대하는지 관찰해 영상으로 남긴 인류학자 이레내우스 아이블 아이베스펠트Irenäus Eibl-Eibesfeldt의 현장 연구도 소개한다. 이 영상을 보면 에이포 부족은 '고귀한 야만인'이라는 상투적인 표현이 전혀 어울리지 않게 지극히 호전적이고 음흉한 태도로 적을 대한다. 하지만 돼지를 대하는 태도만큼은 다정스럽기 짝이 없다.

돼지를 줄에 매서 다니고, 품에 안거나 그물에 넣어 여기저기 데리고 다니는 장면을 우리는 목격한다. 아이와 여자는 물론 남자들도 돼지와 어울려 즐겁게 논다. 날이 저물면 함께 오두막집으로 들어간다. 돼지는 늘 곁에 함께 있고 그 분위기는 평화롭다.

이와 비슷한 돼지 사랑을 유럽 문화권에서도 찾아볼 수 있다. 마호는 영국의 유명한 '신사 농부gentleman farmer(소일삼아 농사짓는 귀족-옮긴이)'로 수많은 농업 관련 책을 쓴 월터 길비Walter Gilbey를 소개한다. 길비는 지적인 암돼지 한 마리를 관찰한 적이 있는데, "암돼지는 과수원으로 달려가더니 어린 사과나무를 흔들어대며 사과가 정말 떨어지는지 확인하려고 귀를 쫑긋 세웠다. 그러고는 떨어진 사과를 주워 모으더니 게걸스럽게 먹어치웠다. 다 먹자마자 또다시 나무를 흔들며 귀를 세웠다. 그리고 사과가 떨어지지 않으면 자리를 떠났다".

결국 마호의 주장은 돼지가 우리를 빼닮은 도플갱어라는 것이다. 돼지는 감정을 느끼고 호기심 많고 학습 능력도 뛰어나다. 돼지를 묘사한 구절 중 내 마음에 쏙 든 게 있는데, 한때 유행한 '미니 피그' 사육에 관한 웹사이트에서 찾아낸 말이다.

미니 피그는 어떤 가축과도 비교 불가다! 고양이처럼 변덕스럽고 어루만져주기를 좋아하지만 독립적이지는 않다. 자주 쓰다듬어주고 말을 걸어줘야 한다. 개보다는 영리하지만 절대 비굴하지 않고 가르치기도 훨씬 힘들다. 강아지는 부르면 곧장 달려오지만, 미니 피그는 가끔씩만 반응한다. 녀석은 변화무쌍한 성격을 가졌고 자기 고집과 개성을 포기하지 않는다.

이 사실을 안 후로 나는 돼지고기를 피하고 있다. 그런 내게 구원의 손길이 찾아왔다. 내가 가장 좋아하는 음식인 바이에른식 또는 비슷한 스위스식 소시지 샐러드를 대체할 만한 베지테리언 대안식을 식품회사 뤼겐발더 뮐레Rügenwalder Mühle에서 출시한 것이다. 놀랍게도 이 제품은 지방이 없는 덕분에 취리히의 유명 레스토랑 크로넨할레Kronenhalle에서 ─세계 최고라는 평을 듣는─ 소시지 샐러드를 주문할 때 나오는 세르블라Cervelat보다도 맛있게 느껴질 정도다.

기후변화에 맞서서 개개인이 취할 수 있는 단연 효과적인 조치는, 조너선 사프란 포어에 따르면, 식단의 변화다. 고기를 아예 입에 대지 않는다는 건 결코 쉬운 일이 아니다. 그러니 예전 식습관으로 돌아가 고기 섭취량을 줄이되, 고기를 먹을 때는 되도록 야생동물을 먹자고 약속하는 것도 한 방법일 수 있다. 크랜베리와 붉은 양배추를 듬뿍 곁들여서 일요일 하루만 먹는 것이다. 적어도 야생동물들은 인간에게 잡아먹히기 전까지는 삶이란 것을 느껴보지 않았을까? 하지만 닭과 칠면조, 소, 송아지, 돼지는 대부분 그런 행운조차 누리지 못한 채 세상을 떠난다.

자연친화적으로
즐길 만한
품격 있는 운동은
없을까?

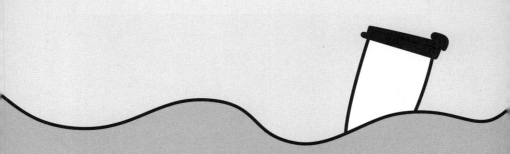

내가 무슨 말을 하는지 항상 아는 건 아니지만,
내 말이 맞다는 건 알고 있다.

_무하마드 알리

탄소 배출을 최대한 막고 싶은가? 그럼 아침에 일어나 침대에 가만히 있으면 된다. 움직임을 피하고, 조깅이나 비슷한 스포츠도 아예 하지 않는다. 또 원칙적으로 계단을 이용하지 말고 엘리베이터를 타자. 건강을 위해 걸어 올라갈 때 4배나 더 많이 에너지를 소모하기 때문이다(동시에 이산화탄소를 배출한다).

역설적이지만 계단 대신 엘리베이터를 택할 때마다, 걷는 대신 전동 킥보드를 탈 때마다 기후 보호에 적극적으로 동참하는 셈이 된다. 적게 움직일수록 탄소 중립적인 삶에 가까워진다. 따라서 기후 보호의 관점에서 이상적인 삶은 최대한 아무 일도 하지 않고, 최대한 얕게 숨을 쉬고, 묽고 미지근한 채소 수프로 하루 한 끼만 먹고 나머지 시간은 온종일 가만히 누워 있는 것이다. 환경문제에 있어 모범적인 실천을 하려면 이런 삶을 살아야 한다.

그렇다면 환경보호에 관심이 많지만 어느 정도 안락한 삶을 원하는 우리 같은 보통 사람들은 어떻게 해야 할까? 양심의 가책을 느낄 필요 없이, 파국을 점치는 예언가들로부터 환경 살인자라는 오명을 뒤집어쓸 위험 없이 즐길 만한 스포츠에는 무엇이 있을까?

이제는 한때 우아하다고 여겨졌던 스포츠의 대부분이 생태학적으로 옹호받기 힘들어졌다. 자동차 경주를 비롯해 자원 낭비가 심한 대양 요트 경주, 지역 전체를 황폐화시키고 강설 한계선이 올라가면서 점점 즐기기 힘들어지는(헬리콥터로 산 정상에 올라 스키를 타고 내려오는 '헬리스키'는 요즘 같은 시대에 대안으로 내세우기 힘들다) 스키 같은 스포츠가 과거에는 아무 문제없이 받아들여졌지만 지금은 손가락질받고 있다.

게다가 값싼 탄수화물의 과다 섭취로 피트니스 센터로 떠밀려간 대중은 자연 속에서 조깅하는 모의 상황을 러닝머신 위를 달리며 연출한다. 이로써 현대인의 소외현상, 또 자연과 동떨어진 존재, 나아가 비생물학적 존재로 변해가는 현상은 더욱더 가속화된다.

우리가 얼마나 현대사회가 강요하는 삶의 패턴과 타협했는지는 스포츠를 즐기는 방식에도 잘 드러난다. 우리는 더 이상 영혼의 조화를 위해서가 아니라 자기 최적화란 의미에서 효율적으로, 또 스마트워치와 측정기를 통해 일일이 숫자와 그래픽으로 확인되는 형태로 스포츠 활동을 한다.

우아하고 생태학적인 스포츠, 승마

그렇다면 자연에서 소외되는 현상에 대처할 방법은 무엇일까? 거창한 장비 없이도 즐길 수 있고, 자원 보존을 넘어서 최대한 자연에 적응하고 자연과 공생할 수 있는 스포츠가 답이다. 가령 숲속에서 짧은 조깅이나 등산 또는 과거에 유행한 하이킹, 겨울철 크로스컨트리 스키, 여름철 요트나 조정, 카누 또는 카약 같은 자연 스포츠는 조심해서 즐긴다면 환경에 피해를 적게 주는 스포츠라 할 수 있다.

물론 자연에서 즐기는 스포츠가 냉난방 시설로 무장한 피트니스 센터의 러닝머신 위를 무덤덤하게 달리는 것보다 훨씬 해로운 결과를 가져올 수도 있다. 자연스포츠 애호가로서 부화기나 양육기에 야생동물 서식지에 침입한다면? 새벽이나 해질 무렵 먹이를 찾는 짐승들을 방해한다면? 또 희귀 식물을 발로 밟는 순간 나도 모르게 환경파괴자가 된다. 이를 막는 방법은 비교적 간단하다. 자연에 발을 들여놓기 전 해당 지형과 생태 서식지 및 동식물 보호 규정을 숙지하면 된다. 항상 중요한 원칙은 자연 속에서 조심스럽게 행동하고, 소음을 자제하며 짐승이나 보호 식물과는 거리를 두는 것이다. 이 원칙에 따르면 눈이 많이 쌓인 곳에서 타는 스키는 물론 자연을 즐기는 젊은이들 사이에서 인기가 많은 알파인 마운틴 바이킹은 자격 미달이다.

명백하게 피해를 적게 주는 스포츠로 요가가 있다. 하지만 개인적으로는 요가에 끌리지 않는다. 요가의 세계관이 의심스럽기 때문은 절대 아니다. 그런 게 뭔지도 모른다. 다만 '나마스테' 같은 인사를 주고받는 등의 어색한 행동들이 거슬리고, 자신과의 조화를 강조한다는 점이 불편할 따름이다. 이런 자기중심적인 면은 만사를 자기 위주로 생각하는 현대인과 잘 맞지만, 세상과 유리된 에고 중심주의로 변질될 위험이 있다.

승마는 다르다. 생태 친화적 스포츠를 거론할 때 승마는 특별한 위치를 차지해야 한다. 일정한 집착이 속물적으로 보이지 않는 유일한 스포츠가 바로 승마일 것이다. 말을 광적으로 사랑하는 사람들은hippomania(히포마니아) 유독 자연 친화적이기도 하다. 게다가 소박한 성향을 띠고 일반적으로 까다롭지 않으면서 엉뚱한 면도 숨어 있는, 그래서 더욱더 호감을 주는 경우가 많다. 내가 신랄하기로 악명 높은 영국의 앤 공주 옆에서 무사히 저녁 식사를 마칠 수 있었던 비결도 그 자리에서 오로지 승마에 관한 수다만 떨기로 작정했기 때문이다. 앤 공주는 분명히 내가 승마를 모른다는 사실을 눈치챘을 것이다. 하지만 제때 고개를 끄덕이고 호기심 넘치는 표정을 짓고자 애쓴 덕분에 그녀는 내 말을 잘 들어주었고, 평소 승마에 무지한 상대방에게 하듯이 메인 요리가 나오기도 전에 나를 잡아먹는 일은 일어나지 않았다.

승마가 ―우아함과 생태학의 측면에서― 다른 스포츠를 압도하는 요인은 무엇일까? 거기에는 철학적 이유가 담겨 있다. 승마처럼 자연 속 피조물과의 공생에 의존하는 스포츠는 찾아보기 힘들다. 승마의 공식은 간단하다. 동물과의 공생 관계가 깊을수록 승마 실력도 좋아진다. 이 기본 공식은 알렉산드로스 대왕과 동시대를 살았던 크세노폰 이후로 달라진 것이 없다. 크세노폰은 기원전 390년경《기마술》을 통해 지금까지도 연구 가치가 높은 승마 이론을 처음 정리한 인물이다. 역사상 최초로 이름이 알려진 승마학교를 운영했던 그의 주된 관심사는 인간과 동물 간의 조화였다. 그는 기수와 말이 지배자와 피지배자 관계여야 한다는 견해에 반대했다. 또 우리 시대의 유명한 '호스 위스퍼러(말 치유사)' 몬티 로버츠Monty Roberts처럼 말의 타고난 습성을 연구했고, 말을 대할 때 고유의 행동 패턴에 적응하려고 노력했다. 그러면서 인내와 애정이 넘치는, 잘 놀라는 예민한 말의 성격을 이해하고자 하는 훈련법을 가르쳤다. 크세노폰의 제자들은 ─1,000년 후 발명된─ 말 발걸이(등자)와 안장 없이 말을 탔다.

알레산드로스 대왕 ─애마 부케팔로스도 그에 못지않게 유명하다─ 과 크세노폰 같은 인물이 있었음에도 그리스인들은 역사책에 뛰어난 기수로 기록되지 못했다. 오히려 페르시아인, 파르티아 제국의 아르사크인, 스키타이인을 비롯해 후대의 아랍인들이 말타기 명수로 이름을 날렸다. 특히 아랍인들은 말을 거칠게 다루기로 악명 높았다. 크고 힘센 말의 의지를 꺾는 일이야말로 승마 기술의 핵심이라는 비정한 견해는 15세기와 16세기 유럽의 승마 전통에도 고스란히 이어졌다.

크세노폰의 가르침을 다시금 상기시킨 것은 17세기 1대 뉴캐슬 공작 윌리엄 캐번디쉬William Cavendish의 공적으로 돌릴 만하다. 그는 말과 영국인들 사이의 낭만적 관계의 토대를 놓은 장본인이었다. 캐번디쉬가 1658년에 쓴《승마술의 일반체계A General System of Horsemanship》는 영국의 말 조련사들 사이에서 지금도 중요한 규범으로 내려오는데, 이 책은 크세노폰의 가르침에 크게 의존하고 있다.

즐기기엔 너무 잔인한 자연 체험

아이러니한 점은 영국 시골 주민들이 수 세기 동안 즐긴 스포츠이자 자연과의 공생이라는 측면에서 타의 추종을 불허하는 여우 사냥이 최근 금지되었다는 사실이다. 이보다 더한 공생 관계는 찾아보기 힘든데, 여우 사냥에서는 인간과 말과 개라는 세 피조물이 의기투합해 또 다른 네 번째 피조물인 여우를 쫓기 때문이다. 원시적이면서도, 안타깝게도 잔인성에 있어서는 자연 속 현실을 쏙 빼닮은 볼거리라고 할 수 있다.

영국 대도시 주민들이 계급투쟁의 성격마저 띤 캠페인을 끈

질기게 이어간 결과 2005년 토니 블레어 영국 총리는 여우 사냥을 전면 금지하기에 이르렀다. 돌이켜보면 여우 사냥을 둘러싼 투쟁은 진보적인 대도시인들과 이들이 보기에 낙후된 농촌 주민들 간에 형성된 최초의 전선으로 볼 수도 있다. 시간이 흐르며 갈등은 첨예화되었고, 도시와 농촌이 멀어지는 결정적 요인이 되면서 브렉시트 찬반을 묻는 국민투표에서도 중요한 구실을 했다.

물론 여우 사냥은 잔인하다(현재형을 쓴 이유는 지금도 무정부주의적 형태로 영국 일부 농촌 지역에서 산발적으로 벌어지고 있기 때문이다). 여우가 탈진할 때까지 말과 사냥꾼이 무려 10시간가량 그 뒤를 쫓는 것이 여우 사냥이다. 그럼에도 —피비린내 나는— 최후의 순간을 맞이하기 전까지는 슈퍼마켓에서 대도시 주민들이 무심코 구입할 고기 신세가 되는 가축들보다 여우들이 훨씬 제 본성에 맞는 삶을 누리는 게 사실이다.

그나저나 여우 사냥은 사지에 몰린 여우만이 아니라 말을 모는 사냥꾼에게도 잔인하기는 마찬가지다. 소규모로 이루어지는 농부들의 사냥부터 보퍼트 헌트Beaufort Hunt(영국의 유서 깊은 대규모 여우 사냥단 – 옮긴이)에 이르기까지 여우 사냥에서 사냥꾼이 다치지 않는 경우가 없다. 수년간 왕실 기마근위대 소속 기병 연대의 지휘관을 역임했고 한때 전설적인 여우 사냥단 애더스톤 헌트Atherstone Hunt의 마스터였던 톰 쿰스Tom Coombs는 여우 사냥에 나서는 사냥꾼의 핵심 능력으로 두 가지를 꼽는다. 하나는 경관을 보는 눈, 즉 토질 및 자연 속 장애물과 위험을 예감하는 능력, 다른 하나는 용기와 대담함을 뛰어넘는 저돌성이다. 가령 정해진 경로를 따라 진행되는 (합법적인) 드래그 헌트Drag Hunt ―상징적 의미를 띠는 여우 꼬리를 매단 기수가 앞장서 말을 달리는데, 사냥을 흉내 내며 여럿이 어울려 말을 타고 야외로 나가는 놀이에 가깝다― 에 나서는 기수는 말을 잘 타고 계속 달리는 말을 통제할 줄 알아야 한다. 그런데 진짜 여우 사냥에서는 한발 더 나아가 기수에게 전지전능한 능력이 요구된다. 길게는 10시간까지 말 위에서 버티면서 예상치 못한 위험에 대처하는 재주가 필요하다.

여우 사냥에서는 숨 막히는 속도로 질주하며 생울타리, 담장, 도랑 같은 장애물을 가뿐히 뛰어넘는 능력이 중요하다. 애초에 건너뛸 용도로 만들어진 게 아닌 그 장애물들은 말과 기수에게 생소하기 짝이 없는 위험을 뜻한다. 말과 기수 모두 대담하지 않고 기수가 말의 용기를 북돋을 능력이 없다면 살아남기 힘들다. 쿰스는 "겁쟁이 기수는 그의 소심함을 말에게 전염시킬 테고, 소심해진 말은 높게 느껴지는 장애물을 만나면 기수를 내동댕이칠 것"이라고 말한다.

나는 말을 타고 벌판을 달려본 적은 여러 번 있지만 진짜 여우 사냥에 참여한 적은 한 번도 없다. 장담컨대 그 과정에서 뼈가 부러지고 가까스로 살아남을 게 뻔하다. 하지만 내달리는 개들에 둘러싸여 말에 올라타고 들판을 가로질러 질주하는 것보다 더 강렬한 자연 체험도 없다고들 말한다.

1965년에 출간된 스노브 문학의 고전《속물전Book of Snobs》에서 저자 베드포드 공작Duke of Bedford은 본인이 속한 계급을 배반하고 상류층 인사 수만 명의 비밀코드를 일부 폭로했는데, 동시에 여우 사냥의 반대자로 나서는 기행도 서슴지 않는다. 책에서 그는 자기 앞에서 상류층 인사들이 느낀 당혹감을 설명하고자 런던의 한 클럽에서 벌어진 일을 소개한다.

바에서 한 신사가 다가와 순진하게도 "사냥은 어디서 하십니까?"라고 질문을 던진다. 베드포드 공작이 "저는 사냥을 안 합니다"라고 답하자 당황스러운 침묵이 흘렀고, 신사는 더듬거리며 말을 잇는다.

"그렇군요. 물론 귀하가 여우 사냥에 아예 참여하지 않는다는 뜻은 아니겠지요."

"맞습니다. 제대로 이해하셨습니다. 전혀 사냥을 안 합니다."

그러자 생각에 잠긴 신사가 이유가 뭐냐고 묻는다. 이 상황을 묘사하는 공작은 가벼운 대화 분위기를 이어갔음을 강조한다.

"살생이라면 질색하기 때문이지요."

그러고는 죽는 순간까지 몰이를 당하는 여우에 대해서라면 더더욱 그렇고, 만약 여우에게 공정한 기회가 주어졌더라면 여우 사냥에 반대하지 않았을 것이라고 덧붙인다. 잠시 후 신사가 되물었다.

"귀하의 성함이 어떻게 되셨지요?"

공작이 "제 이름을 밝히지 않은 것 같습니다만"이라고 응수했다. 신사는 공작이 사교클럽의 회원이 아니라 누가 데려온 손님이라고 의심하는 모양이었다. 신사가 다시 캐물었다.

"어디 사시나요?"

도시에 사는지 알아내려는 술책이었다. 공작이 답했다.

"시골에서 농사지으며 근근이 살고 있지요."

공작은 그 가련한 신사를 어떻게 어리둥절하게 만들었는지를 유쾌하게 묘사하고 있다. 클럽 회원? 사냥을 안 한다고? 대체 누구지? 나중에 공작은 당황한 신사가 다른 클럽 회원과 속닥이더니 얼굴이 활짝 펴지는 광경을 목격했다. 아하, 그 작자구나. 베드포드 공작. 영국 귀족의 골칫덩어리. 그렇다면 뭐 문제 될 게 없지.

유난 떨지 않고 몸을 움직이기

독일에는 여우 사냥도, 제대로 된 드래그 헌트도 없고 기껏해야 전통을 이어간다는 의미에서의 모방만 있을 뿐이다. 이는 독일의 농지가 깔끔히 정돈되어 있고 ─영국과 달리─ 황야가 거의 없는 대신 아스팔트 도로가 많다는 사정과 관련이 있다. 반면 스포츠로서 승마를 즐기는 인구는 상당하고 승마협회도 수천 개나 있는데 그중에는 문명에 지친 도시인들을 기꺼이 환영하는 협회도 적지 않다. 아직 한 번도 ─또는 오랫동안─ 말 안장에 앉아 보지 못했다면 나이와 상관없이 승마를 해 볼 것을 권한다. 말 타는 게 싫다면 아이들에게 권유하는 식으로라도 말과 가깝게 지내볼 필요가 있다. 말과 가까이하는 경험은 치유 효과도 뛰어난데, 피트니스 센터의 깜박이는 모니터 앞에서 보내는 시간보다 자연에 관한 더 많은 것을 가르쳐준다. 윈스턴 처칠의 말을 빌리면 "말 안장에서 보내는 어떤 시간도 헛되지 않다". 굳이 말 안장에 오르지 않더라도 이 놀라운 피조물과 함께 보낸 매 순간에 들어맞는 통찰이다.

처칠에 대해 말한 김에 덧붙이자면, "No Sports(운동하지 않는 것)!"의 원칙에 따라 그가 움직이지 않고 가만있는 쪽을 선호했다는 것은 신빙성 없는 주장으로 보인다. 항간에 떠도는 말로는 장수의 비결을 묻자 도락가이자 위스키 애호가인 처칠이 그렇게 답했다고 한다. 하지만 그 증거는 어디서도 찾아볼 수 없다. 반면 그가 유년 시절 열정적인 펜싱 선수이자 말 기수였고, 50세라는 많은 나이에도 까다로운 장애물 승마 경주인 스티플체이스steeplechase에 참여했다는 것은 증명된 사실이다.

운동을 삶에 통합시키는 것은 어느 정도 미적 감각과도 관련이 있다. 그나저나 베드포드 공작의 포스트모던 도시형 판박이인 메가급 속물 타일러 브륄레(영국 잡지《모노클》편집장으로 트렌드 세터로 명성이 높다 - 옮긴이)는 여력만 있다면 누구든 호수나 바다에서 수영으로 하루를 시작하라고 권하고, 일주일에 네 번 40분 정도 조깅할 것을 추천한다(그가 즐겨 뛰는 코스는 런던의 리젠트 파크, 도쿄의 히가시교엔, 시드니 서큘러 키의 산책로 등이다). 나도 전적으로 동감하는데, 다만 독일에 사는 독자들에게는 가까운 국내의 조깅 코스를 권하고 싶다(베를린 베스트엔트의 토이펠스베르크 언덕, 뮌헨의 이자르아우엔 지역, 프랑크푸르트의 매력적인 그뤼네부르크 공원 등).

기본 원칙은 몸을 움직여야 한다는 것이다. 그렇다고 유난을 떨 필요는 없다. 물론 승마와 관련해서는 예외다. 스포츠에 과도하게 열광하는, 즉 스포츠 활동이 삶의 중심을 차지하는 사람은 집착적인 속물 인간이 될 확률이 높다. 자기 몸에 지나치게 신경 쓸 위험이 있기 때문이다. 합성수지로 제작한 기능성 복장으로 온몸을 똘똘 무장한 사람들이 대개 그런 부류다.

과장해서 말하자면 "나는 요가 연습으로 하루를 시작해"라는 말로 대화를 시작하는 사람이 있다면 이어지는 이야기가 시시하리라는 점은 쉽게 예상할 수 있다. 반면 "나는 잠깐씩 말을 타고 나가는 걸로 하루를 시작해"라고 말한다면 적어도 단조롭지 않은 대화의 시작을 알리는 신호다.

206

건물 외벽을
이끼로 채우면
공기 정화가 될까?

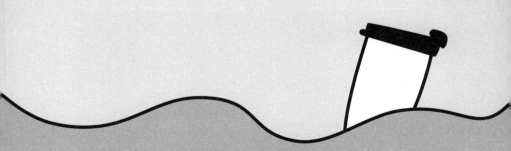

나는 집 안에 오래 있을 때만
피곤하고 언짢아진다.

_로버트 베이든 파월Robert Baden-Powell, 영국 군인

깨끗한 공기라고 하면 바로 떠오르는 곳이 쥘트 섬이다. 그 섬의 해변을 따라 걸었던 긴 산책도 생각난다. 세찬 바람에 얼얼해진 얼굴로 집에 돌아와 그로그 술을 한 모금 삼키는 순간 바다 공기에 섞여 있던 소금기가 입술로 느껴진다. 그리고 내가 아는 유일한 쥘트 토박이, 안드레아스 오덴발트Andreas Odenwald도 빠뜨릴 수 없다. 전설적인 저널리스트이자 오랫동안 독일《플레이보이》편집장을 맡았던 그는 네덜란드 캄펀에서 벌어진 코카인 파티에서 이야기 하나를 들려주고는 500마르크를 벌기도 했다.

안드레아스의 이야기를 하기 전에 '깨끗한 공기'와 관련해 몇 가지 기본 사실부터 확인하고 넘어가야겠다.

옛날보다 좋아졌다지만

《가블러 경제학사전Gabler Wirtschaftslexikon》에서는 자유재를 "모든 개인의 욕구를 충족시킬 만큼 충분한 양으로 어디서나 원하는 품질로 존재하는 재화"로 규정하고 있다. 문제는 이 자유재가 원하는 품질로 어디서나 넉넉히 제공되지 못한다는 데 있다. 당신이 있는 곳이 슈투트가르트의 혼잡한 네카토어 지역인지, 쥘트 섬 서쪽 해변인지는 엄청난 차이다.

우리는 누구나 깨끗한 공기를 마실 권리가 있다. 당신이 내 앞뜰에 쓰레기를 버리면 안 되는 것처럼 (아직은 없는) 내 앞뜰보다 훨씬 내밀한 곳, 즉 코와 입으로 연결된 내 몸 깊숙한 곳을 향해 유해물질을 내뿜어서도 안 된다. 따라서 유럽연합 위원회가 대기오염 기준을 어긴 나라들을 ―최근 불가리아, 폴란드, 프랑스, 영국, 독일 등― 유럽재판소에 고발해 막대한 벌금을 물게 하는 시대에 우리가 살고 있다는 사실이 얼마나 다행인지 모른다.

이론상으로 유럽재판소는 오염 기준을 상습 위반한 행정부 수장을 강제로 구속할 수도 있다. 상상만으로도 즐거운데, 이런 일이 가능하다는 것 자체가 얼마나 시대가 변했는지, 또 대기오염 방지와 대기질 향상과 관련해 우리가 얼마나 큰 진전을 이루었는지를 보여주는 징표다. 황산 같은 화학물질을 아무렇지 않게 바다로 흘려보내며 저절로 희석되리라 여기듯이, 굴뚝만 높이 세우면 저절로 하늘로 흩어지리라 믿고 각종 유해물질을 대기 중으로 내보내던 시절이 있었다. 하천과 바다에 쏟는 관심에 비하면 대기오염에 대한 우려는 일찍 등장했는데, 대기오염이야말로 우리가 진지하게 여긴 최초의 환경문제였다.

　1952년에 런던에서 발생한 스모그가 결정적 계기였다. 극심한 대기오염으로 당시 약 1만 2,000명이 사망했다. 강력한 스모그가 발생한 12월 5일부터 9일 사이에 밖에 있던 시민들은 불과 몇 분 만에 온몸이 검은 먼지로 뒤덮였다. 가시거리가 극도로 좁아지면서 벽을 더듬으며 길을 찾아야 했다. 병원은 아수라장이 되었는데, 그을음과 안개가 뒤섞인 물질이 건물로 들어와 실내에서조차 사물을 분간하기가 힘들었고, 급성 호흡장애를 겪는 환자들로 응급실은 발 디딜 틈 없이 꽉 찼다. 나중에 집계한 결과 나흘 새 사망자 수가 3배 가까이나 급증했다. 특히 아이와 환자, 노인들의 희생이 컸다.

　이 참사의 영향으로 1956년 '대기청정법Clean Air Act'이 제정되면서 야외 굴뚝이 대거 사라졌다. 1962년에 스모그가 재발하자 대기청정법은 한층 강화되었다. 유럽의 다른 나라들도 동참하면서 이후 대기질은 꾸준히 좋아지고 있다. 독일에서는 1968년부터 정부에서 체계적인 대기질 검사를 실시 중이며, 1974년에는 대기오염물질 농도와 관련한 의무 기준치가 정해졌고, 1999년부터는 유럽 전역에 걸쳐 엄격한 기준치가 적용되고 있는데 구속력까지 생겨서 이를 위반하면 고소도 가능해졌다.

　상황이 얼마나 좋아졌는지 알고 싶다면 과거 철의 장막 뒤에 있던 옛 동독의 공업지대로 눈을 돌려보면 된다. 비터펠트 주변의 작센 공업지대에서는 30년 전만 해도 잿빛 눈을 볼 수 있었다. 그런데 옛 동독 시절 최악의 환경오염 지역이었던 라우지츠 지역이 이제는 진정한 자연 천국으로 거듭났다. 한때 옛 동독의 최대 노천 광산이었던 괴를리츠의 베르츠도르프 광산도 현재 호수가 되어 대도시 주변 휴양지로 탈바꿈했다.

자동차가 내뿜는 매연도 점점 친환경적으로 깨끗해지고 있다. 촉매 장치라는 혁신적인 기술 덕분에 1990년대 출시 당시만 해도 본보기처럼 여겨졌던 차량들이 환경존이 도입된 지금은 도심에 진입할 수 없다. 어느덧 전국 곳곳에 깔린 측정장치로 공기 중에 떠다니는 각종 물질을 수집, 측정한 뒤 그 데이터를 무선으로 관계 기관에 전달해 일정 수치가 넘으면 경보를 울리는 시대가 되었다. 연간 35일 이상 기준치를 초과하면 법률 위반에 해당한다.

한마디로 일이 나쁜 쪽으로만 흘러간 것은 아니다. 2018년 독일호흡기내과협회DGP는 베를린 샤리테 병원과 뮌헨 헬름홀츠 센터와 공동으로 미세먼지 문제를 언급한 성명을 발표하고 과감한 추가 조치를 요구했는데, 거기서도 다음과 같은 사실은 인정했다.

독일 대기질은 1968년 측정 프로그램 도입 이후 전반적으로 좋아졌고, 1990년 통일 이후로는 뚜렷하게 개선되었다. … PM10

미세먼지 배출은 1995년 기준 30만 톤에서 2016년 기준 20만 톤으로 줄어들었다(-38퍼센트). PM2.5 배출은 1995년 기준 20만 톤에서 2016년 기준 10만 톤으로 감소했다(-48.7퍼센트).

PM10? PM2.5? 이건 무엇을 말하는 걸까?

우리는 정체 모를 (알레르기 환자는 예외겠지만) 잡다한 입자들을 들이마시고 있다. 꽃가루와 홀씨, 박테리아와 가스 같은 자연 물질은 제외하더라도, 공기 중에 포함된 비율에 따라 우리의 기분과 건강 상태를 좌지우지하기에 각별히 주의가 필요한 유해물질들이 있다. 우리는 매일 1만 리터에서 2만 리터 분량의 공기를 들이마시는데, 이 정도면 열기구를 가득 채울 만한 양이다. 우리가 공기 질에 관심을 보이는 것도 당연한 일이다. 지각이 있는 사람이라면 샴페인 1만 병을 마시면서 그 품질에 무관심하기가 어려울 것이다. 가급적 온전하게 숨 쉬는 즐거움을 누리고 싶을 때 최대한 적게 들이마셔야 하는 물질 중에는 이런 유해물질이 들어 있다.

우선, 산업화 이후부터는 우리 주위에 퍼지기 시작한 탄소 입자가 있다. 흔히 '검댕'이라고 부르는 것이다. 탄소(원소탄소EC)는 탄소 함유 물질(디젤유, 난방유, 땔감, 석탄)이 연소하면서 공기로 유입된다. 쉽게 덩어리로 뭉치는 탄소 입자는 육안으로 식별될 만큼 클 때도 있다.

맨눈으로 식별하기 어려운 물질로 이른바 산화질소NO_x와 이산화황SO_2이 있는데, 모두 고온 연소하는 과정에서 발생하는 가스다. 일산화질소NO와 이산화질소NO_2에서 보듯이 NO_x의 x는 질소산화물의 여러 종류를 가리킨다. 질소산화물의 주된 배출원은 내연기관과 석탄, 기름, 가스, 땔감 및 폐기물을 사용하는 난방시설이다.

이 밖에 중요한 것으로 오존구멍 이야기를 지겹게 들었던 세대의 독자들에게는 친숙한 오존O_3이 있다. 오존은 우주와 가까운 성층권에서 태양의 해로운 자외선으로부터 지구를 보호하는 중요한 구실을 하는 기체다. 하지만 그 유독성 탓에 지상에서는 푸대접을 받는 기체이기도 하다. 한때 거리에서 스프레이 통을 든 사람만 보여도 우르르 몰려가 쫓아낼 정도로 오존구멍에 대한 공포가 컸던 시절이 있었다. 하지만 발 빠른 조치로 프레온가스CFC를 방출하는 제품들을 퇴출시키면서 이제는 우리 주변에서 오존을 적절히 통제하는 데 성공했다.

대기오염의 최대 위험, 미세먼지

그런데 가장 위험한 물질은 이른바 미세먼지다. 미세먼지는 그 이름대로 아주 작은 입자인데, μm(마이크로미터), 즉 100만 분의

1m 단위로 측정된다. PM10은 지름이 10μm보다 작은 입자를 가리킨다. 미세먼지의 세계에서 PM10은 비교적 큰 축에 속하기에 영미권에서는 이런 입자를 미세먼지가 아닌 일반적인 먼지로 분류한다. 그런데도 사람 머리카락의 직경보다 10배나 작다. 너무나도 작고 가벼워 이동성이 뛰어난 미세먼지는 수백 킬로미터를 돌아다니다가 ─우리 폐 속에서, 최악의 경우 심장이나 간장, 혈관 속에서─ 비로소 멈추기도 한다.

지름이 2.5μm 미만인 좀 더 미세한 입자는 PM2.5 범주에 속하는 미세먼지라 일컫는다. 미세먼지는 대부분 금속(비소, 납, 카드뮴, 니켈 등) 또는 각종 탄소결합물 같은 잡다한 화학물질의 혼합물로 이루어져 있다.

미세먼지는 도로 위 자동차, 산업 활동, 에너지경제, 농업과 가정(특히 오븐과 벽난로) 등에서 발생한다. 이 외에도 지표면 침식과 화산 폭발 등 자연에 의해 대기로 유입되기도 한다. 이런 미세먼지가 어디서, 어느 정도 농도로 발생하는지는 바람의 상태와 날씨 등 복합적인 요인에 좌우된다. 미세먼지 문제에서 지나치게 자동차만 문제 삼는다고 불평하는 과학자들이 있는 것도 그 때문이다. 몇몇 통계가 입증하듯 일부 지역에서는 차량 제한과 환경존을 도입했는데도 미세먼지 오염도에 별다른 영향을 주지 못했다. 다만 날씨보다 도로 교통을 통제하는 게 쉬우니 지역 정치인들이 미세먼지 농도가 치솟을 때마다 가장 먼저 교통 상황부터 살피는 것도 이해는 간다. 아무튼 교통 문제도 주요 요인임은 부인하기가 힘든데, 이 경우 연소기관뿐 아니라 타이어와 브레이크 마모, 차량 운행 시 흩날리는 수십억 개의 입자가 모두 원인이 된다.

미세먼지 문제는 자동차 대기업의 배출가스 조작 스캔들이 터진 뒤로 한동안 다른 쟁점들에 밀려 주목받지 못했다. 너도나도 산화질소의 유해성만 물고 늘어졌다. 이런 사정은 2019년 봄 다시 미세먼지에 관심이 쏠렸을 때 오히려 객관적인 논의를 방해하는 요인이 되었다. 비록 여론의 관심을 되돌리는 연구 결과를 발표한 곳이 저명한 마인츠대학교 막스플랑크 화학연구소였지만, 연구원들이 핵심 메시지를 과장해서 퍼뜨린 탓에 애초의 취지와 달리 미세먼지나 산화질소 같은 용어를 입에 담기만 해도 신경과민증을 의심받는 현상이 벌어졌다.

《유럽 심장 저널European Heart Journal》에 발표된 마인츠대 연구에 따르면 전 세계적으로 880만 명이 "이른 죽음"을 맞이할 것으로 예상된다. 논문의 한 공동 저자는 인터뷰에서 이렇게 말했다. "즉 흡연보다 대기오염으로 인한 사망자가 더 많다는 말입니다." 세계보건기구에 따르면 흡연으로 전 세계에서 매년 720만 명이 사망한다. 이 같은 발언은 "흡연보다 더 많은 죽음을 초래하는 배출가스" 같은 기사 제목으로 이어졌고, 어느 정도 진지한 연구자들은 마인츠대의 연구 결과와 거리를 두게 되었다. 방법론을 두고서 비판의 목소리가 들렸고(논문은 정확한 자료가 아닌 추정에 근거했다), "이른 죽음의 건수"를 언급하는 것 자체가 가능한지 의문시되었다.

막스플랑크연구소 과학자들의 본래 의도는 좋았지만 자극적인 메시지 탓에 언론의 반응은 끔찍했고, 인터넷 토론방과 트위터, 페이스북 등에서는 "사망진단서에 뭐라고 적혀 있을까? 사인은 미세먼지와 디젤배기가스? 하하하!" 같은 엉뚱한 댓글들이 달리기도 했다. 커리 소시지, 아메리칸 치즈케이크, 운동 부족 역시 사망 통계에 언급되지 않기는 마찬가지다. 그럼에도 과체중과 운동 부족이 수명 단축을 불러일으킨다는 사실을 부인하는 것은 바보짓이다.

이후 다시 객관적 논쟁을 열어주는 기회가 찾아왔다. 독일의 레오폴디나 한림원에서 의학, 독물학, 생물학, 화학, 기술과학 및 대기과학, 통계학, 교통연구, 재료과학 분야의 최고 전문가들로 구성된 일종의 워킹그룹을 꾸린 것이다. 연구 결과 폭스바겐 스캔들의 여파로 배출가스, 즉 산화질소에만 주목한 것은 잘못이며, 대기오염 방지 분야의 눈부신 발전에도 최대 위험으로 떠오른 미세먼지의 연구와 퇴치에 집중하는 일이 급선무라는 결론에 이르렀다.

너무 작아서 위험한 문명병의 주범

미세먼지가 이토록 위험한 까닭은 무엇일까? 독일 울름 폐질환 센터의 저명한 호흡기내과 의사 미하엘 바르초크Michael Barczok는 이렇게 설명한다.

미세먼지 입자는 워낙 작아서 코와 기도 등에서 유해물질을 막아주는 일반적인 필터를 쉽게 통과한다. 폐포의 벽도 미세먼지를 막기에는 역부족이다. 그 얇은 막을 쉽게 뚫은 미세먼지 입자는 산소를 흡수하고 이산화탄소를 배출하는 뒤쪽 혈관으로 들어간다. 혈액에 스며든 입자는 무임승차자처럼 몸속을 돌아다니다가 결국 혈관 벽에 달라붙는다. 거기서 서서히 염증을 유발하고, 염증 부위 주변으로 콜레스테롤 결정체가 쌓이면서 혈관이 서서히 좁아진다.

바르초크에 따르면 몇 년 전만 해도 이 같은 원리가 밝혀지지 않았다. 그래서 대도시에서 스모그가 심해지면 뇌졸중이나 심근경색 사망자 수가 급증하는 이유에 대해서 다들 어리둥절할 뿐이었다. 그런데 이제 연구를 통해 심장 및 혈액순환 관련 질병과 미세먼지 사이의 연관성이 분명히 드러나게 되었다는 것이다.

미세먼지보다 더 심각한 것은 지름 0.1 μm 미만인 초미세먼지다. 바르츠크는 검댕처럼 잘 알려진 유해물질이 공기 중에 떠 있을 때 미세먼지가 줄어드는 기이한 현상을 언급한다. 이는 미세먼지가 더 큰 입자들과 결합해 덩어리를 이루기 때문이다. 바르츠크는 이렇게 설명한다.

우리 코와 기관지에 있는 필터 시스템은 이런 큼직한 유해물질에 대처할 충분한 능력을 갖추고 있다. 예전에 채석장이나 광산에서 일하던 노동자들은 저녁에 집에 오면 크게 기침을 하고 코를 풀어 새카만 콧물이 빠져나오게 했다. 우리 몸에는 그런 유해물질을 막아주고 재배출하는 놀라운 시스템이 있다. 다만 초미세먼지는 너무 작은 탓에 이런 필터마저 모조리 통과하는데, 일시에 쏟아지는 운석처럼 폐포까지 돌진해 장기 내부에 쌓이면서 비로소 그 움직임을 멈춘다.

초미세먼지는 앞서 말한 심장 및 혈관 질환을 비롯해 암과 치매, 만성폐쇄성폐질환COPD 및 폐암 같은 중증 폐 질환 등 우리가 겪는 문명병의 주범이라는 의심을 받고 있다. 우리 몸이 비소, 납, 카드뮴 같은 물질의 지속적인 침투에 대항할 때 이것이 우리 건강에 어떤 영향을 주는지에 대해서는 아직 충분한 연구가 이루어지지 않았다. 다만 미세먼지에 노출되면서 우리가 체내의 비상사태, 즉 신체가 침입자에 저항하며 일으키는 자잘한 염증들과 싸워나가야 한다는 점에는 이견이 없다.

해결책이 있을까? 전문가의 말을 빌리면 미세먼지 노출은 '완전히 피하기 힘든 환경위험'으로 분류된다. 이는 명명백백한 사실로, 나처럼 차량 통행이 잦은 도로변에 사는 사람들은 나쁜 공기를 들이마실 수밖에 없다. 따라서 특히 국가와 도시 지자체에서 대기오염을 줄이기 위해 끊임없는 노력을 기울여야 한다. 최소한의 보완 조치로 대기오염물질 필터링 기능을 갖춘 건물 외벽이나 가로시설물 같은 혁신 기술을 적극 장려하는 것도 좋은 아이디어다. 이끼가 대기 중의 유해물질을 걸러 준다는 사실이 밝혀지기도 했는데, 국가나 지자체가 건축주라면 건물 외벽을 이끼로 덮도록 의무화하는 건 어떨까? 또 유해물질을 걸러 주는 자재를 쓰는 건설 프로젝트를 지원하는 건 어떨까? 주변 공기를 흡수해 필터로 정화하는 버스정류장 같은 도시시설물을 제작하는 '그린 시티 솔루션Green City Solutions'이라는 회사가 베를린에 있다. '시티 트리City Tree'라는 이름의 그 시설물은 높이가 4미터에 달하고 이산화탄소 및 산화질소, 미세먼지 등을 필터링하는 이끼로 뒤덮인 수직으로 뻗은 식물 벽이다. 현재 시티 트리는 싱가포르를 비롯해 전 세계 50여 개 나라에 설치되어 있다. 그런데 어째서 슈투트가르트와 뮌헨에서는 보이지 않는 걸까?

'노출의 최소화'를 위해 개개인이 할 수 있는 일이 있다. 물론 정신 나간 사람이 아니라면 숲이 아닌 거리에서 조깅을 하지는 않을 것이다. '에어 비주얼Air Visual' 같은 앱도 꽤 유용하다. 현재 머무는 장소를 앱에 입력하면 대기오염물질에 관한 정확한 정보를 얻을 수 있다. 아울러 어느 때 야외 스포츠 활동을 하는 것이 좋은지, 언제 집을 환기하고 창문을 닫아두는 편이 좋은지도 알려준다. 중국 정부는 이 앱의 사용을 금지했다.

깨끗하고 신선한 공기를 마실 수 있는 곳으로

물론 최선의 길은 바이에른 숲이나 대서양 해안가나 북해 섬으로 이사하는 것이겠지만 누구나 그럴 수는 없고 그렇게 되면 좁아져서 살 수가 없을 것이다. 그러고 보니 다시 쥘트 섬이 떠오른다. 그리고 약속대로 안드레아스 오덴발트와 캄펜에서 벌어진 코카인 파티에 대해 이야기할 시간이 된 것 같다.

안드레아스가 들려준 이야기는 환경보호라는 주제와는 무관하지만, 대기오염에 관한 지금까지의 설명에 지친 독자들을 위한 일종의 보상으로 적절할 듯하다. 사연은 이렇다.

몇 년 전 안드레아스는 캄펜에 사는 오스트리아인 장신구 제조업자 부부의 집에 저녁 초대를 받은 적이 있었다. 새벽 3시 무렵 분위기가 가라앉자 한 손님이 주머니를 뒤적이더니 조금 전

음식 부스러기와 흘린 맥주를 말끔히 치운 유리 탁자 위에 흰색 가루를 한 움큼 쏟았다. 그런 다음 그 가루를 여러 줄로 나누어 죽 늘어놓은 다음 지갑에서 500마르크짜리 지폐를 꺼내 돌돌 말더니 사람들에게 차례차례 권했다. 그렇게 한 바퀴가 돌자 집주인은 지폐를 펼쳐 높이 들고는 "가장 재미있는 이야기를 들려주는 분께 이 돈을 주겠소"라고 외쳤다.

처음 입을 뗀 사람은 아프리카에서 사파리에 참가해 사자한테 잡아먹힐 뻔한 이야기를 장황하게 늘어놓았다. 그러자 맥없는 박수 소리가 흘러나왔다. 뒤이어 나선 이는 에로틱한 모험담을 들려주었는데 역시 반응은 미적지근했다. 또 다른 젊은 여인은 인도에서 휴가 중에 겪은 기이한 일을 고통스러우리만치 길게 늘어놓았다. 그리고 드디어 안드레아스의 차례가 왔다. 안드레아스는 지금부터 들려줄 이야기는 이 근처에서 처음 들은 것이라며 운을 뗐다.

그날은 3학년생의 소풍 날이었다. 섬 북쪽 리스트 지역을 출발한 학생들은 모래 언덕을 지나 골짜기 쪽으로 걸어갔다. 오르막과 내리막을 거쳐 들판을 지나가던 중이었는데, 독일어 교사 티스가 성큼성큼 앞장선 가운데 뒤따라오던 아이들이 처지면서 꾀를 부리더니 볼멘소리를 하기 시작했다.

"티스 선생님, 조금만 천천히 가면 안 될까요?"

발걸음을 멈춘 티스는 모든 아이가 모일 때까지 기다리며 말했다.

"서쪽 해변까지 고작 몇 킬로를 걸으면서 이러면 어떡하니. 이건 아무것도 아냐. 옛날에 쥘트 섬에 사는 애인을 만나려고 1,000킬로미터를 걸어간 남자도 있었단다."

"누가요?"

신나는 이야기를 기대한 아이들은 한껏 들떴다. 힘든 행군 중에 찾아온 꿀 같은 휴식 시간이기도 했다. 35명의 아이들이 티스를 빙 둘러싸고는 1864년 독일과 덴마크 전쟁 때 있었던 이야기에 넋을 잃고 귀를 기울였다.

"지금 우리가 앉아 있는 이곳을 포함해 섬 곳곳에서 격렬한 전투가 벌어졌단다."

티스는 쥘트 섬이 속한 슐레스비히 공국을 덴마크 왕국으로부터 빼앗고자 프로이센과 오스트리아가 함께 싸운 이야기를 들려주었다. 계엄을 선포한 덴마크인들은 섬 안에서 반란을 일으킨 주동자들을 붙잡아 코펜하겐의 감옥으로 보냈다. 하지만 별 소용이 없었다. 7월 13일, 쥘트 섬 출신의 선장 안드레아스 안데르센Andreas Andersen이 슈타이어마르크 지방에서 오스트리아 구원부대를 이끌고 도착해 덴마크 군대를 제압했다. 그 결과 이제껏 덴마크 영토였던 슐레스비히 공국과 홀슈타인 공국이 독일 연맹에 편입되고, 수많은 오스트리아 병사가 쥘트 섬의 명예시민으로 임명되었다. 진짜 이야기는 지금부터다. 오스트리아군

보병부대 병사 벤첼 보너Wenzel Wohner는 쥘트 섬에서 금발의 프리슬란트 여인과 사랑에 빠졌다. 고향에 돌아온 그는 쥘트 섬의 소녀를 향한 그리움을 이기지 못한 나머지 다시 그녀를 만나러 1,200킬로미터 넘게 떨어진 섬을 향해 무작정 걷기 시작했다. 그렇게 두 달을 걸어간 끝에 몸은 기진맥진했지만 행복으로 가득한 채 사랑하는 여인을 품에 안게 되었다. 그리고 함께 가정을 꾸리고 쥘트 섬의 관리가 되었다.

"그러니까 오스트리아인은 우리 친구란다."

티스는 즉석에서 마련한 역사 수업을 이 같은 말로 마무리 지었다.

캄펜에서 벌어진 코카인 파티에서 안드레아스도 똑같은 결론을 내렸다. 거기 모인 오스트리아인들 중 누구도 조국의 그 같은 역사적 업적에 대해 들어본 적이 없었다. 벤첼 보너에 대해서는 말할 것도 없었다.

아직 차례가 오지 않은 네댓 명의 손님들은 현명하게도 자기 이야기를 하지 않기로 했다. 이어 박수 소리와 함께 경연의 승자로 뽑힌 안드레아스에게 주인장이 지폐를 상으로 건넸다. 모두 만세를 부르며 안드레아스를 명예 오스트리아인으로 선포했다.

이야기의 교훈? 그런 건 없다. 아니, 어쩌면 이게 아닐까? 깨끗한 공기가 그립다면 쥘트 섬을 찾아가 오랫동안 산책을 하고 깊은 숨을 쉬어보자. 그럼 질소산화물과 미세먼지 대신 소금과

요오드가 폐로 흡수되면서 탁월한 효과를 볼 것이다. 또 하나는 벤조일메틸엑고닌, 통칭 코카인이라는 물질을 멀리하라. 코카인은 무엇보다도 극심한 혈관 수축을 일으키며 혈액 순환과 산소 공급을 방해한다. 그럼 더는 신선한 공기를 마실 수 없다.

거창한 구호 없이, 바로 지금 여기에서부터

2019년 가을, 바티칸 정원에서는 ─로마 시민의 눈에 ─ 낯설기 짝이 없는 행사 하나가 열렸다. 떡갈나무를 심는 식수식이 거행된 것이다. 맨발에 가벼운 치마 차림의 아마조나스 출신의 여인이 쟁반에 흙을 담아와 나무에 뿌리더니 땅에 이마를 대고는 땅을 어루만지기 시작했다. 때맞춰 깃털 장식을 단 인디오 남성들이 경건하고 나직한 노랫가락을 흥얼거렸다.

시대에 적응하려는 노력은 가톨릭교회도 예외일 수는 없다. 교회는 언제나 시대정신을 이용하는 데 능수능란했다. 그토록 오랫동안 살아남을 수 있었던 비결도 거기에 있다. 중세에는 군주국의 무단정치로부터, 근대 초기에는 신흥 시민사회의 중상주의로부터 큰 영향을 받았다. 19세기에는 계몽주의의 꽁무니를 쫓아다녔고, 20세기 초에는 인종주의라는 바이러스에, 20세기 후반에는 포스트모던식 자유방임주의에 감염되었다. 그리고 현재는 자연 숭배가 유행이다. 나 역시 자연환경을 소중히 여기는 사람이다. 그렇지 않았다면 이 책을 쓸 일도 없었을 것이다. 문제는 자연보호라는 주제가 차지하는 위상이다. 디트리히 본회퍼(또는 루터?)의 표현을 빌리자면 그것은 '궁극적인 것'인가, 아니면 '궁극 이전의 것'(역사 또는 삶의 영역을 뜻함 – 옮긴이)인가?

환경운동이라는 신흥종교

환경운동을 비방하는 근거로 종종 일종의 새로운 민간종교라는 주장이 제기된다. 슬라보예 지젝은 녹색 사고를 "대중을 위한 아편, 즉 쇠퇴하는 종교를 대체하고 과거 종교가 지녔던 근원적인 기능을 떠안고 기후 연구자들과 동맹을 맺어 예언자 그레타라는 의심의 여지 없는 권위자를 세워놓은 아편"이라고 비꼬기도 한다. 어떤 형태로든 종교적인 것에 반감을 갖지 않는 나한테는 이런 비판도 별 효과가 없다. 더구나 근대 개인주의에 아부하면서 한술 더 떠 과학과 신앙이 제휴한 토대 위에 서 있는 신흥종교라는 최신 현상 앞에서 사람들이 존경에 가까운 감정을 느끼는 것도 당연하다.

그런데 이보다 더 흥미로운 질문이 있다. 종교적 성격마저 띠는 생태학적 책임 의식은 우리에게 잘 알려진 전통에 뿌리를 두고 있지 않을까? 자연이 종교적 감정을 불러일으키는 현상이 그렇게 놀랄 만한 일일까?

아무튼 나는 누구에게나 숭배의 대상이 있음을 확신한다. 숭배를 뜻하는 영어 'worship'이라는 단어에 이 점이 잘 나타나 있다. 이는 원래 가치를 뜻하는 'worth'와 관계를 뜻하는 'relationship'에서 파생된 'ship'으로 이루어진 합성어다. 그러니까 누구 또는 무엇을 'worship'하는지, 즉 기꺼이 숭배할 만큼 사람이나 대상에 큰 가치를 부여하는지가 문제인 셈이다. 생태 운동가들에게는 자연이, 지구별의 건강한 상태가 최고의 선이고, 신이나 다름없는 지위를 차지한다.

G. K. 체스터턴에 따르면 무신론자란 없고 자신이 뭘 믿는지 의식하지 못하는 사람만 있을 뿐이다. 아마도 ─계몽주의와 종교적 회의론에도 불구하고─ 종교적 감정은 우리의 타고난 본성이 아닐까? 진정으로 의미 있는 것에 참여하고 무언가 위대한 것을 믿고 싶은 것이야말로 우리 안에 깊숙이 뿌리박힌 욕구인 듯하다. 이 세계가 최악의 기후재난을 눈앞에 두고 있다고 믿음으로써 세속화된 현대사회는 의미와 내용을 약속받는다.

유대기독교적 관점에서 보면 종교와 녹색 종교의 유사성 및 연결 관계가 좀 더 분명히 드러난다. 인간으로 존재한다는 자체로 죄가 있다는 뿌리 깊은 감정은 서구 문명의 주요 원형적 이야기에 자주 등장하는 주제다. 아담은 어째서 하느님 앞에 몸을 숨겼을까? 스스로 잘못을 저질렀음을 알았기 때문이다. 또 카프카의 소설《소송》의 주인공인 피고 요제프 K.는 어째서 자신이 고발당한 이유를 끝까지 듣지 못할까? 그는 무조건 유죄이기 때문이다.

　미국 시트콤 〈커브 유어 엔수지애즘Curb Your Enthusiasm〉에서 래리 데이비드Larry David는 바그너의 곡조를 휘파람으로 흥얼거리자 "그건 전형적인 유대인식 자기혐오야"라는 욕을 듣는다. 그러자 그는 당당하게 "물론 나 자신을 혐오하지! 하지만 내가 꼭 유대인이기 때문만은 아니야!"라고 답한다. 자신의 숨은 결함을 깨닫는다고 반드시 자기혐오에 빠지는 것은 아니다. 하지만 자신의 죄업을 내면 깊이 느끼는 것이야말로 인간다움의 조건이다. 인간의 행동 하나하나가 다른 무언가가 희생한 대가로 이루어진다는 느낌에서 벗어나기란 쉽지 않다. 슈바이처는 "나는 살고자 하는 생명들 한가운데에서 살고자 하는 생명이다"라고 말했다. 이 같은 생존 투쟁은 이미 어릴 적부터 엄마를 상대로 시작된다. 시인 마리아 에쉬바흐Maria Eschbach의 시에는 "너는 전혀 개의치 않고 엄마의 고통의 막을 뚫고 나타난다"라는 구절이 등장한다.

　삶이란 먹고 마시는 것을 뜻하고, 끈질기게 무의식적으로 불가피하고 의도치 않게 자연 본능적으로 의지를 관철시키는 것이다. 다른 생명체에 고통을 주고 묻지도 않은 채 다른 생명을 자기 것으로 만드는 법칙에는 예외가 없다.

내가 좋아하는 우리 시대 철학자 한나 바르바라 게를 팔코비츠Hanna-Barbara Gerl-Falkovitz의 말이다.

이렇듯 새로운 종교인 생태주의와 전통적인 성서 종교 사이에는 일종의 무의식적인 친연 관계가 발견된다. 그런데 기독교의 관점에서 언급할 만한 또 다른 사실은 자연 존중이 성경에서, 특히 구약에서 중요한 위치를 차지한다는 점이다. 어쩌면 생태주의라는 새 종교가 거둔 성공은 유대-기독교적 전통에서 이런 측면이 종종 망각되었던 사정과도 관련이 있을지 모른다.

예루살렘에 세워진 최초의 사원만 보더라도 그 내벽이 온통 식물과 동물의 상징으로 채워져 있다. 그 상징들이 표현하는 것은, 이곳에서 불에 구운 제물을 바치는 인간이 모든 피조물과 함께, 즉 풀잎과 물방울, 산들바람 그리고 벌레에서 독수리에 이르는 모든 짐승과 형제 같은 동료 피조물로서 하느님을 숭배한다는 점이다. 원조 생태운동가 격인 아시시의 성 프란치스코의 저 유명한 〈태양의 노래〉보다 더 오래된 것이 바로 신비로운 〈세 젊은이의 찬미가〉(구약성경 〈다니엘〉 제3장에 나온다 – 옮긴이)이다. 자신의 신앙을 포기하기를 거부했다는 이유로 바빌론의 느부갓네

살 왕에 의해 가마에 던져진 젊은이들이 타오르는 불꽃에 둘러싸인 채 부른 찬양의 노래다. 가톨릭교회에서 부활 성야에, 그것도 성수 축성 직후 가사 전문을 낭독하는 관례에서 잘 드러나듯이 노래는 교회의 복음 전파에서 각별한 위치를 차지한다. 믿을 수 없을 만큼 시적인 이 노래를 모두 들려주고 싶지만 여기서는 특히 아름다운 몇몇 구절만 소개하겠다.

> 너희 모든 주님의 피조물들아, 주님을 영원히 기리고 찬양하여라 … 산과 언덕들아, 주님을 찬양하여라. 땅에서 싹트는 것들아, 모두 주님을 찬양하여라/ 샘들아, 주님을 찬양하여라/ 바다와 강들아, 주님을 찬양하여라/ 바다의 거대한 짐승들과 물에서 움직이는 모든 것들아, 주님을 찬양하여라/ 하늘의 새들아, 모두 주님을 찬양하여라/ 들짐승과 집짐승들아, 모두 주님을 찬양하여라/ 너희 사람들아, 주님을 찬양하여라. (다니엘 3:51~90)

특히 호명되는 대상이 등장하는 순서를 눈여겨보자! 어쨌든 이야기는 해피 엔드로 끝나는데 사드락, 메삭, 아벳느고는 천사의 도움으로 생명을 구하고, 이 광경을 목격한 잔인무도한 느브갓네살 왕도 깊은 감명을 받는다.

독일 녹색당은 민주주의를 지킬 수 있을까?

생태주의를 유대-기독교의 변종으로 이해하면 생태주의의 유머를 모르는 성격과 신종 환경운동과 함께 새로이 깨어난 권위적이고 경건한 사고방식도 자연스럽게 설명된다. 녹색 각성에 담긴 역설은, 그것이 원래 울트라 자유주의에 기원을 둔 급진적인 저항운동에서 출발했음에도 줄곧 전체주의적인 성격을 띤다는 점이다. 인내심을 갖고 문제를 해결하는 기존의 정치적 활동 방식은 녹색당과는 거리가 멀었다. 합의를 추구하는 정치적 일상은 환경주의자들의 사고방식에는 낯선 것이었다. 초창기 녹색 사상가이자 《타게스차이퉁taz》의 문화면 담당자 페터 운프리트Peter Unfried는 이런 사정을 다음과 같이 요약한다.

> 의견이 다르거나 삶의 방식이 딴판인 자들과 타협한다는 것은 이들에게 상상할 수 없는 일이다. 오히려 자주 충분히 설명하고 경고하면 그들도 잘못을 깨달으면서 유토피아가 현실이 되리라 생각했다.

녹색당 정치인들은 흔히 권위적인 우익 포퓰리스트들과는 반대되는 타입으로 떠받들어지곤 한다. 하지만 스위스의 역사학자 루시앙 셰러Lucien Scherrer의 말처럼 "인류 구원의 열쇠를 안다고 확신하는 자는 반민주적 태도로 돌변할 위험이 크다". 이런 이

유로 녹색당의 역사를 보면 서구 소비사회에 대한 경멸이나 더할 수 없이 높은 도덕의 이름으로 자신을 수렁에 빠뜨린 인물들이 줄줄이 등장한다. "가령 1984년 녹색당 후보로 독일연방 대통령에 출마한 독일 작가 루이제 린저는 미래에 펼쳐질 생태사회주의 낙원을 하필이면 북한에서 발견했다." 그녀의 여행기에는 "호화로운 생활을 누리는 자들은 공격적이고 도착적이면서 서로를 죽인다"면서 "그렇지 않은 사람들은 정상적으로 오래오래 건강하게 살아간다"는 이유가 적혀 있었다.

녹색당이 생길 무렵 막 권좌에 오른 무아마르 알 카다피도 녹색당의 동맹자였다. 훗날 리비아의 독재자로 군림한 카다피는 국가 예산에 국제 테러리즘 지원 항목을 별도로 두었고, 무엇보다도 베를린 디스코텍 폭탄 테러와 스코틀랜드 상공을 비행하던 팬암 여객기 폭발을 직접 지시한 인물이다. 동시에 《그린북The Green Book》이라는 책을 써서 자본주의와 공산주의의 대안인 '제3세계 이론'을 소개하기도 했다. 1980년대에 그는 독일, 스위스, 오스트리아의 녹색당원들을 '그린 인터내셔널'의 일원으로 포섭하고자 했다. 당시 트리폴리를 방문한 대표단 20명 중에는 독일 녹색당 고위 인사인 오토 실리Otto Schily(훗날 사민당에 입당해 내무장관을 지냈다-옮긴이)도 있었다.

현재 선풍적인 인기를 누리고 있는─그의 초상화가 박힌 속옷이나 그의 체취를 흉내 낸 향수가 출시된다면 불타나게 팔릴 것이다─독일 녹색당 당수 로베르트 하베크Robert Habeck조차도 우리가 민주적인 방식으로 변화를 이끌어내지 못하면 결국 '중앙에서' 결정이 내려지는 중국식 모델로 가야 할지도 모른다는 경솔한 말을 내뱉은 적이 있다. 한편 환경 탈레반으로 돌아선 저널리스트 베른트 울리히Bernd Ulrich는《모든 게 달라진다Alles wird anders》에서 이같은 독재적 권위를 정당화한다. 훗날 녹색화된 '비상국가'가 등장한다면 이는 "다른 수단으로는 통제가 어려울 만큼 기후 위기가 심각해졌다는" 뜻이므로 결국 우리 잘못이라는 것이다.

정말이지 이제부터 제대로 기후 보호 정책을 펼치고자 한다면 경제와 사회 전반은 물론 우리 일상의 혁명적 변화가 필수적이다. 생태학적 의제들이 갑자기 유권자들에게 큰 비용을 청구한다면, 그 무수한 변화를 민주적 방식으로 이루어낼 수 있을까? 세계의 구원이라는 더 큰 선을 위해 우리는 개인의 자유를 얼마나 포기할 수 있을까? '비상시' 얼마나 자유민주주의 원칙을 훼손해야 할까? 또 비상 상황이 언제인지를 결정하는 것은 누구일까? 1960년대 독일 대학생들은 비상사태법에 반대하며 길거리로 나섰는데, 지금이야말로 비상사태가 필요한 때이다. 여기서 고려할 점은 두 가지다. 첫째, 비상 상황이 심각해질수록 개인의 자유권 침해도 커진다. 둘째, "비상시에는 법이 따로 없다"는 명언대로 시민의 인권을 박탈하고자 일부러 비상사태를 선포한 독재 정부도 있었다는 것이다. 생존을 위해 싸우는 자들은 어떤 수단도 마다하지 않으며, 공포가 퍼지면 누구나 쉽게 밟혀 죽는 법이다. 팔렌다 철학신학대학의 교수인 내 친구 프란치스쿠스 폰 헤레만Franziskus von Heeremann은 최근 이런 말을 들려줬다.

위기의 시대에는 전문가의 독재가 필요하다고 말하는 사람들에게 해주고 싶은 말이 있어. 일단 외형상 민주주의가 완성되면 우월한 위치를 차지한 전문가 집단에서는 시종일관 위기를 찾아내려 할 것이고 이에 맞선 저항이야말로 무엇보다 중요하다네.

도덕적 자기합리화에 빠진 사람들

지금 같은 삶이 지속되기 힘들뿐더러 과도한 에너지 사용과 쓰레기 배출, 무분별한 소비, 심각한 바다와 하천의 오염 등으로 다음 세대가 인간다운 삶을 누리려면 하루빨리 뱃머리를 돌려야 한다는 점을 부인할 사람은 없을 것이다. 그런데 모든 것을 근본적으로 의심해 바꾸기에 앞서, 즉 이른바 '사고의 전환'에 나서기 전에 어떻게 하면 자유, 자기결정권, 공동결정권 같은 기존의 신성한 가치를 포기하지 않고도 목표를 이룰 수 있는지 고민해봐야 한다. 또 다른 문제는 개신교 신학자 랄프 프리쉬Ralf Frisch 같은 이들이 지적하듯, 그 과정에서 사회와 개개인 내면의 평화가 깨지면서 사회 분위기가 얼어붙고 이로써 다른 형태의 기후 재앙인 사회적 냉담이 발생하는 사태를 막는 일이다. 이런 사회에서 "특권층은 뮌헨, 함부르크, 뒤셀도르프 같은 대도시 중심에 있는 저택에 살며 자전거를 타고 유기농 빵집을 찾고, 이따금 위신을 세우고자 차고에서 포르쉐 카이엔을 꺼내 어린이 놀이터로 드라이브를 가는 반면, 대도시의 치솟은 집값을 감당하지 못한 취약 계층은 끊임없이 실업의 위험에 노출되어 있다".

대도시의 고소득 부르주아지들이 교육 수준이 낮고 일상에서 기후 보호에 소극적인 서민층을 업신여기는 현상은 이미 진행 중인 사회적 냉담의 징후일지도 모른다. 고소득 대졸자들은 녹색 양심에 더욱 충실한 삶을 살 수 있다. 언젠가 라디오에서 폐기물 전문가의 이야기를 들은 적이 있는데, 가정에서 배출하는 쓰레기만 보고도 그 집 사람들의 소득 수준을 알아맞힌다고 한다. 부자들은 주로 신선 식품을 구매하는 반면 빈곤층이 내다 버리는 쓰레기는 포장재투성이라는 것이다.

그런데 녹색당을 찍는 도시 엘리트층은 도덕적 이중잣대에 빠져 심리학에서 '셀프 라이선싱self-licensing'이라 하는 '도덕적 자기합리화'에 나선다. 녹색당에 표를 주고 유기농 마켓에서 공정무역 제품만 구매함으로써 비행기를 타고 프랑스로 스키 휴가를 떠나는 자기 행동을 정당화한다. 녹색당 지지자들이 비행기를 가장 많이 탄다는 통계에는 억울한 측면이 없지 않다. 왜냐하면 평균 이상의 교육을 받은 이들은 고연봉을 받으며 직업상 비행기를 탈 일도 많기 때문이다. 그럼에도 그 속에는 — 앨 고어의 표현을 빌리자면 — '불편한 진실'이 숨겨져 있다.

셀프 라이선싱 현상을 두고서 여러 흥미로운 연구가 이루어졌다. 이를테면 녹색당이나 좌파 정당에 표를 주는 유권자 중에 자선 목적으로 기부하는 비율이 낮다는 사실이 밝혀졌다. 투표 시 옳은 선택을 했으니 이미 사회에 좋은 일을 했다고 믿기 때문이다. 비행기를 자주 타는 녹색당 지지자가 '나는 녹색당을 찍으니까 그래도 괜찮아'라고 변명하는 것과 비슷한 이치다. 또 《실험사회심리학 저널Journal of Experimental Social Psychology》에 실린 논문에 따르면 도덕적 자기합리화에 빠진 사람은 일상에서 자기도 모르게 자신의 가치관을 무력화시킨다. 예를 들어 백인 실험 대상자들은 자신이 흑인 대통령에 투표한 것을 직장 내에서 흑인 차별을 묵인하는 허가증으로 여기는 무의식적 경향을 보였다.

녹색당과 보수당의 공통점

생태학이 정치적 중심 의제로 등장함으로써 이제껏 좌우 진영에서 벌여온 참호전 양상의 무한 대결을 극복할 절호의 기회가 찾아왔다. 생태운동이 포스트모던 좌파들의 손아귀에서 벗어나 전체주의적 실험에 악용되지 않을 때 어제까지 장벽이 쳐져 있던 곳에 평화로운 비오톱이 조성될 가능성이 열린다. 보수진영과 녹색당은 양측에서 인정하는 것보다 더 많은 공통점을 갖

고 있다. 예를 들어 무절제한 소비와 과잉 기술화에 섬뜩함을 느
낀다는 점에서도 그렇다. 실상 둘의 차이는 눈에 잘 띄지 않는 곳
에 숨어 있다. 좌파 색의 녹색당 정치인들은 국민을 가르치려는
집단적 성향을 보이면서 늘 거대 정책을 염두에 둔다. 그러므로
전체적인 틀에 문제가 없다면 개인의 일탈은 눈감아주곤 한다.
보수주의자들은 집단주의적인 것에 질색하며 개인의 책임을 강
조하려는 경향이 있다. 의식적으로 절제하는 태도를 보이며 솔
선수범하려는 것도 그런 이유에서다.

녹색당과 보수당의 공통적 사고방식은 독일 녹색당 창립 초
기 헤르베르트 그룰Herbert Gruhl 같은 인물에게서도 잘 나타나 있
다. 녹색당의 전통적인 스펙트럼을 살펴보면, '향토 지킴 운동'
과 지역주의의 전통을 이어받은 그룰을 비롯해 함부르크와 베를
린의 '주택 점거 운동'의 무정부주의적 요소를 거쳐 강력한 국가
관을 신봉하는 사회주의적 성향의 루돌프 바로Rudolf Bahro 같은
인물까지 각양각색이다. 그런데 루돌프 바로 같은 이는 부의 증
가와 성장을 추구하는 사회주의가 시장경제와 결합할 때 녹색
당 사고와는 양립할 수 없음을 잘 알고 있었다. 왜 그럴까? 프랑
스 우파의 영향력 있는 사상가인 철학자 알랭 드 브누아Alain de
Benoist가 말하듯 생태학은 진보적 이데올로기의 종언을 뜻하기
때문이다. 브누아에 따르면 시장경제 이데올로기를 직접 공격하
는 것을 두려워하지 않고, 생산을 이상시하는 근대 자본주의 사

상을 무력화시키려는 몇 안 되는 흐름이 생태학이기 때문이다. 브누아는 또 좌우 진영의 해묵은 간극을 메워주는 생태학이 "환경 보존 같은 '가치 보수주의'를 기준으로 삼으면서 자유주의적 약탈 자본주의는 물론 마르크스주의적 '프로메테우스 숭배'도 거부하지만 그럼에도 그 행동반경에서나 의도에서 혁명적"이라고 말한다.

'풍요로운 삶'이라는 가면 벗기

물론 지금까지 이야기한 주제 중 그 어떤 분야에서도 나는 전문가가 아니다. 서문에서 밝혔듯, 나는 양말 색깔을 정하는 문제에서만 확실한 권위자로 인정받는 형편이다. 그런데 우리는 이른바 전문가라는 이들을 향해 의심의 눈길을 보낼 필요가 있다. 프랭크 로이드 라이트Frank Lloyd Wright는 "전문가란 이미 모든 걸 알고 있다고 믿기 때문에 사고하기를 멈춘 자"라는 말을 남겼다.

저 바깥세상에서 심상치 않은 일이 일어나고 있음을 알기 위해 굳이 열렬한 자연 애호가이거나 전문가일 필요는 없다. 또 정신을 차리고 사고의 전환에 나설 때라는 사실을 깨닫기 위해 전문가의 지식이 필요한 것도 아니다. 전문가가 아니더라도, 지난 수십 년간 풍요의 세례를 받지 못한 지역의 사람들이 지금 우리가 벗어나려는 소비지향적 생활방식에 매력을 느끼는 현상이 불편하게 느껴지기는 마찬가지다.

이 책을 통해 나는 생태 문제에 있어서 '알아차림'을 일깨우는 방법을 보여주고 싶었다(일부러 유기농 상점 게시판에 소개되는 명상 프로그램을 연상시키는 '알아차림'이란 용어를 사용했다). '알아차림'에는 쓰레기 분리수거를 넘어 몇 가지 원칙적인 문제를 분명히 이해하고, 나아가 자기 행동이 끼칠 파급을 의식하면서 기후 보호를 위한 행동에 나설 때 가급적 스스로를 기만하지 않는 것도 포함된다.

이상적인 경우 자원 절약형 행동방식이 스스로를 구속하거나 제약하지 않고 오히려 더 큰 만족을 주는 처방임을 깨닫는 경지까지 올라야 한다. 심미적 요소도 생태학에서 빼놓을 수 없는 일부이기 때문이다. 지나친 낭비와 착취, 무절제는 추한 모습을 띠게 마련이다. 반면 아름다움에는 언제나 절제가 담겨 있다. 생태학은 날 것 그대로, 단순한 것, 자연적인 성장물과 다양함을 선호한다는 이유에서도 심미적이다.

여기 한 가지 비밀이 숨어 있다. 인간의 불행은 ─그 원인이 탐욕이든 과소비이든 또는 중독이든─ 늘 '풍요로운 삶'이라는 가면을 쓰고 다가온다는 것이다. 중요한 것은 '행복해지기 위해 모든 걸 즉시 소유해야 한다'는 기대가 거짓임을 폭로하고 진정 향기로운 삶은 절제에서 비롯됨을 깨닫는 것이다. 식사 같은 단순한 행위에서도 마찬가지인데, 언제 배가 부르는지에 대한 감각을 키울 필요가 있다. 절제하고 즐기려면 포기하는 것도 필요하다. 전문가들이 지적하듯 대상에 대한 만족감을 높이려면 포기할 줄 알아야 한다. 화가 막스 리버만Max Liebermann은 "그림은 줄이고 빼는 것이다"라고 말하기도 했다. 한나 바르바라 게를 팔코비츠는 "삶 역시 줄이고 빼는 것을 뜻한다"라고 했다. 내가 사랑하는 이 여성 철학자는 속박과 제한받는다는 두려움으로부터 삶을 해방시키라고 요구한다. 삶을 "선물로 받아들이며 살아가는" 쪽을 택한 그녀는 이렇게 말한다.

소유물이 아닌 선물로서의 삶을 살아간다는 것은 내 존재를 당연시하며 탐욕과 질투, 욕심으로 그득한 상태로 삶을 대하지 않고 거듭해서 새롭고 경이롭게 삶을 경험한다는 것을 전제한다.

인간이 끝없이 탐욕을 부린 결과 결국 잘못된 길로 들어섰고, 원하면 언제든 자기 것으로 만들고 소중한 생명체들을 별 생각 없이 배 속으로 집어삼킬 때 우리의 생활공간이 파괴되고 결국 모든 가치가 파괴될 것이라는 깨달음은 자연스러운 것이다.

헝가리 출신의 캐나다인 의사로서 중독증 치료의 세계적 권위자인 가보르 마테Gabor Maté는 영국의 코미디언, 작가, 활동가이면서 유튜브 스타인 러셀 브랜드Russell Brand와의 인터뷰에서 우리의 소비 중독과 관련해 아주 멋진 말을 남겼다. 영어로 듣는다면 훨씬 설득력 있게 들리는 만큼 인터뷰 전체를 찾아 들어보길 바란다(러셀 브랜드의 팟캐스트 'Under The Skin' #053편). 참고로 그는 도널드 트럼프 같은 이의 인격장애에 관해 꽤 흥미로운 말을 남기기도 했다. 아무튼 그는 이렇게 말한다.

우리 세계를 이해하려면 인류학자의 관점, 즉 우리를 밖에서 관찰하는 시각을 가질 필요가 있다. 가령 화성에서 온 외계인의 눈에는 우리 사회가 어떻게 보일까? 아마도 억지로 욕구를 만들어내고 원래의 욕구, 즉 영혼의 욕구는 무시하는 사회로 비칠 것이다. 그 이유는 한마디로 우리를 둘러싼 시스템 대부분이 원래 우리에게 없었던 욕구가 꼭 필요한 것처럼 설득시킬 때만 작동하기 때문이다.

또 이른바 정상인을 포함해 너도나도 온몸에 트라우마를 지니면서 숨겨진 영혼의 상처를 통해 그 대가를 치르고 있다고 가보르 마테는 지적한다. 남다른 상처가 있는 사람들이 —여기서 도널드 트럼프가 거론된다— 큰 성공을 거두는 경우가 왕왕 있다. 러셀 브랜드는 이렇게 말한다.

소비로 영혼의 상처를 느끼지 못하게 하는 사회에 우리는 살고 있다. 우리의 경제 시스템은 일시적인 만족을 주지만 장기적으로는 해를 주는 물건의 소비를 통해 유지되고 있다. 소비주의는 외부에서 '마약'을 제공받아 무감각 상태를 유지하는, 줄곧 결핍 상태에 시달리는 중독자의 사고방식에 기대 작동한다.

이런 점을 깨달을 때 '사고의 전환'은 불가피하다. 즉 세상을 완전히 새롭게 보고 현실을 바라보는 렌즈를 교체하기 시작한다. 처음에는 뇌가 혼란 상태에 빠지지만 이런 혼란이야말로 뇌 속의 시냅스를 성장시키는 자극제이기에 적극 환영할 일이다. 또 이를 통해 두려움이 아닌 책임 의식과 삶의 기쁨이 커지면서 모든 생명체 앞에 존경과 경외심을 갖게 된다.

작지만 원대한 목표를 내가 머문 자리에서부터

토마스 아퀴나스가 말한 대로 우리는 이 세상을 천국으로 만들 수는 없지만 최선을 다해 고쳐나갈 의무가 있다. 이런 노력이 임시방편이라는 점은 잊지 말아야 하겠지만 말이다.

물론 경우에 따라 그런 우리의 노력은 꽤 성공적인 결과를 가져다주었다. 수많은 질병을 정복한 성과를 예로 살펴보자. 몇 년 전만 해도 50만여 명이 걸렸던 소아마비의 병원체인 폴리오바이러스poliovirus는 이제 박멸되다시피 했다. 주변에서 마맛자국이 있는 사람은 찾아보기 힘들어졌다. 산업화 초기만 해도 전 세계 인구의 80~90퍼센트가 빈곤에 허덕였지만 지금은 20퍼센트로 내려갔다. 지난 30년 사이 유엔 기준(하루 1.9달러 이하의 소득)으로 절대 빈곤에 시달리는 인구가 절반으로 줄었다. 어느덧 지구상에는 영양실조보다 과체중에 시달리는 사람이 더 많아졌다(8억 5,000만 명 대 21억 명). 신생아의 기대수명은 산업화가 시작될 무렵 30세였지만 현재는 72세에 이른다.

우리가 처한 상황은 나쁘지 않다. 조금은 지나치게 좋은 편인지도 모른다. 중요한 것은 부의 증가에 숙명적으로 따르는, 지구 생태계가 입는 피해에 대처하는 일이다. 다만 이런 노력의 필요성에도 기후 문제가 우리 시대의 최대 과제인 양 떠들며 빈곤, 질병, 굶주림 같은 문제에서 눈을 돌리면 곤란하다. 바라건대 생태학적 양심을 달래주는 행동을 함으로써 제 할 일을 다 했다고 생각하지 않았으면 한다. 내 친구 프란치스쿠스의 말을 다시 한번 소개하고자 한다.

양심의 가책을 덜기 위한 최선의 행동은 타인, 특히 가난한 이들과 직접적인 인간적 관계를 맺는 것이다. 환경에 무심한 사람이 이웃을 사랑한다는 것은 있을 수 없는 일이다. 반면 환경과 관련해 성자인 척하면서 이웃을 미워하는 사람은 얼마든지 많다. 다시 말해 생태학적 성자가 인간적으로는 얼마든지 역겨운 존재일 수 있다.

핵심은 이웃, 주변의 다른 생명체, 기후에 관심을 가지는 것이다. 이 대목에서 엘리트들에게 중요한 역할이 주어진다. 이는 곧 **당신**을 두고 하는 말이다! 물론 당신은 스스로를 '엘리트'라고 여기지 않을지도 모른다. 엘리트는 관광객들처럼 나와는 별 상관없는 다른 사람들이었다. 하지만 여유 있게 책 한 권을 끝까지 읽을 시간이 있다는 사실만으로도 당신의 엘리트 자격을 증명하기에 충분하다.

솔선수범하면서 각자의 책임을 다하는 일이야말로 당신과 나, 우리 모두에게 주어진 과제다. 일상과 소비에서 절제하고 자연과 이웃 생명체를 존중하는 것이 트렌드임을 몸소 보여줄 때, 이는 곧 트렌드로 확산될 것이다. 그리고 한때 호사로 여겨졌던 것들 —비행기 여행, 번지르르한 외양, 즉흥적 소비 등— 을 우리가 경멸할 때 그것은 유행에 뒤진 낡은 것이 된다. 우리부터 자원을 소중히 여기고 환경을 중시하는 태도가 바람직스럽게 보이는 삶을 살아갈 때 남들도 그런 우리를 따라 할 것이다. 그러니 작지만 원대한 목표를 세워보면 어떨까? 거창하게 세상사를 바꾸고 기후변화에 영향을 주려고 하기보다는 먼저 내가 머문 자리부터 깨끗이 치우고 쓰레기, 소음, 매연을 줄이도록 애써보는 것은 어떨까?

간편식

우리 부모나 조부모 세대 때는 포장된 음식은 절대 사 먹지
않고 직접 요리를 했으며, 토마토소스나 마요네즈 정도는 얼마
든지 만들어 먹을 수 있었다고 훈계하듯 말하는 건 쉽다. 하지만
이는 대다수 도시인의 현실과는 동떨어진 소리다. 요리에 서툴
고 시간이 없어 음식을 사 먹는 것은 인격상의 문제와는 무관하
다. 다만 건강에 해로운 식품은 아닌지, 저탄소 친환경 포장재인
지 잘 살펴볼 필요는 있다. 포장 식품 애호가들에게 추천하고픈
제품은 '팔로우푸드Followfood'라는 브랜드다. 대형 슈퍼마켓 체
인점에서 쉽게 살 수 있는 팔로우푸드 제품의 특징은 플라스틱
포장을 하지 않고 모든 유기농 인증을 획득한 점 외에도 식품의

246

원산지를 트래킹 코드로 추적 가능하다는 것이다.

팔로우푸드 홈페이지 https://followfood.de

개인 전용기

가난할수록 탄소발자국을 적게 남긴다. 풍족한 삶에서 동떨어진 사람들은 소비를 적게 할 뿐 아니라 잘사는 나라 사람들보다 이동 거리도 적다. 사회적 사다리에서 높은 위치를 차지할수록 환경의식도 두드러진다. 철학자 레안더 숄츠Leander Scholz는 "유해물질 없는 나무 장난감에서부터 공정거래 의류에 이르는 환경친화적인 상품들이 특별히 가치 있는 개인들을 위한 상징물처럼 되었다"고 했다. 상류층에서는 불편한 항공사 여객기를 피해 개인 전용기를 예약해 타는 이들이 늘고 있다. 유럽에서만 매일 개인 전용기의 이착륙 횟수가 2,000회를 넘어가고, 2030년까지 3,000회로 늘어날 전망이다. 개인 전용기로 비행하면 기존 여객기 비행보다 1인당 최소 20배나 많은 탄소가 배출된다. 양심의 가책을 느끼는 백만장자들은 넷젯Netjet 같은 전용기 서비스 회사가 아닌, 환경에 책임감을 느낀다는 빅터VICTOR 같은 리어제트기Learjet 서비스 회사로 갈아타는 추세다. 이 회사는 합성연료를 섞어 항공유를 생산하는 네스테Neste와 긴밀히 협력하고 있다. 이밖에 탄소 상쇄 프로그램도 운영하며 고객이 지불한 탄소 배출 비용을 나무 심기 프로젝트에 투자한다. 이런 프로그램이 부자

고객들의 불편한 양심을 달래주면서 비행기를 더 자주 이용하게 유도하는 꼼수라는 점은 분명하다. 기후나 환경보호에 기여하는 보다 효과적인 선택은 '슈퍼 리치'들이 공항에 따로 마련된 개인 전용기 구역을 벗어나 다시 우리와 함께 줄을 서는 굴욕을 감수하는 것이다.

거짓 광고

광고가 노골적으로 우리를 속이는 이유는 간단하다. "시장은 극단적으로 포화 상태다. 우리가 소비할 수 있는 것보다 훨씬 많은 공급이 이루어지고 있다. 생산자와 유통업자는 이로 인해 엄청난 경쟁의 압력을 받는다. 계속해서 수익을 올리기 위해 해당 제품이 특별히 우수하고 가치가 있고, 또는 건강한 것이라고 광고한다"고 소비자보호단체 푸드워치Foodwatch의 마누엘 비만Manuel Wiemann은 말한다.

그릴 파티

8명이 1인당 400그램의 고기를 소비하는 그릴 파티를 열 때 발생하는 탄소량은 자동차로 독일을 가로질러 운전할 때와 비슷하다. 근처에 있는 유기농 정육점 대신 남미산 소고기를 선택한다면 탄소발자국 수치는 급속히 나빠진다. 숯 역시 골칫거리다. 독일에서 국산 숯은 거의 구하기 힘들고 99퍼센트가 수입품이다(운이 좋다면 폴란드산, 운이 나쁘면 남미산인데 — 이제 놀라지 말라 —
그것도 열대림에서 불법 벌목한 것으로 만든 것이다). 여러분의 숯 포대
에 국산 표시가 자랑스럽게 붙어 있다면 십중팔구 소비자 기만
이다. 외국산 숯에 폐쓰레기를 섞어 독일에서 포장만 해도 국산
으로 판매될 수 있기 때문이다. 대안이 있을까? 있다. 바로 대나
무 숯이다. 훌륭한 목재인 대나무는 나무뿌리를 베어낼 필요도
없고 눈 깜짝할 새에 자란다. 이 밖에도 올리브 열매로 만든 조개
탄이 있다. 올리브유를 짜낸 뒤 남은 씨앗과 껍질, 과육을 압착해
만든다. 올리브 조개탄을 태우면 그게 바로 업사이클링이다. 또
숯보다 더 오래 타고, 연기도 덜 나는 데다 고기에 향긋한 과일
향까지 스민다고 한다.

기후 절대주의

기후 보호 단체들 사이에서는 자연보호나 환경보호 같은 용
어를 사용하면 정치적 올바름에 어긋난다는 생각이 퍼져 있는
듯하다. 중요한 것은 기후 보호이기 때문이다. 하지만 대기오염
방지나 하천 및 해양 보호를 비롯해 기아 및 질병 퇴치, 또는 기
후변화의 영향을 받는 지역의 주민 보호 같은 문제에도 주목할
가치가 있다. 기후 보호라는 관점에서도 인권이나 인간 존엄은
중요하다. 자유민주적 서방 국가들만 기후 보호에 관심을 쏟고,
경제력이 점점 강해지는 (특히 아시아의) 일부 전체주의 국가에서

정치적 변화가 이루어지지 않는다면 시애틀, 프라이부르크, 코펜하겐 등지에서 벌이는 노력들도 별반 소용이 없을 것이다.

머리 말리기

이런 건 잊어버리자! 헤어드라이어를 5분만 사용해도 60그램의 탄소가 배출된다. 드라이어로 머리를 말리는 사람은 남극에 온돌을 놓는 격이라고 할 수 있다. 수건으로도 얼마든지 머리를 말릴 수 있다.

모럴 해저드(도덕적 해이 효과)

이 점만은 명심하자. 환경 및 기후 보호와 관련해 이 책에서 전하는 조언을 지키는 독자는 떳떳한 양심을 가질 수 있겠지만, 심리학의 가르침에 따르면 동시에 자기 의무를 다했다는 확신에 쉽게 빠질 위험이 있다. 전문용어로는 '모럴 해저드 효과'라고 한다. 이렇게 스스로 도덕적으로 우월하다고 느끼면 다른 곳에서는 마음대로 행동해도 좋다고 생각한다. 가령 자원을 마구 낭비함으로써 탄소 절감의 긍정적 효과를 모두 무위로 돌리는 것이다. 그러니 스스로 도덕적 우위에 있다는 그 어떤 믿음도 버리도록 하자.

문신

온몸이 문신으로 뒤덮인 축구선수 케빈-프린스 보아텡Kevin-Prince Boateng조차 차라리 문신을 하지 않았더라면 좋았겠다고 고백한 것은 분명 하나의 신호다. 놀랍게도 누구보다 진보적이고 건강과 자연을 챙기는 이들이 문신용 잉크에 포함된 독성물질은 간과하고 있다. 가령 검정 문신 잉크에는 검댕 외에도 발암물질로 알려진 '다환 방향족 탄화수소PAH'가 들어 있다. 유기농 식품을 고집하면서 문신을 하는 것은 크리스탈 메스(합성마약의 일종-옮긴이)를 흡입하면서 강황 가루 스무디의 항산화 효과에 대해 열심히 떠들어대는 경우와 비슷하다.

미래를 위한 금요일 Fridays for Future

탄소 문제에만 집중한 탓에 그에 못지않게 중요한 여러 생태 및 사회 문제를 등한시한다는 비판도 들리지만, 역사가 깊음에도 줄곧 소외되었던 자연보호라는 주제에 유례없는 관심이 쏠리게 한 '미래를 위한 금요일' 운동의 공적은 인정할 만하다. 이 운동을 주도하는 여성의 연설 솜씨도 인상적이다. 그레타 툰베리가 2019년 유엔 기후행동 정상회의에서 했던 "여러분은 어떻게 감히 그럴 수 있나요……" 연설은 〈나는 꿈이 있습니다I have a dream〉와 〈이 장벽을 허물어라Tear down this wall!〉 같은 연설과 더불어 현대사의 위대한 명연설로 꼽힌다. 물론 내용 중에는 일부 허튼소리도 들어 있지만 말이다('허튼소리' 항목 참고). 이 굉장한 연설의 하이라이트를 자세히 살펴보면 어이가 없을 지경이다. 툰베리는 이렇게 말한다. "모든 게 잘못됐어요. 여기는 제가 있을 자리가 아니에요. 바다 건너 다른 편의 학교 교실에 앉아 있어야 해요. 그런데 여러분은 희망을 바라며 우리 청년들에게 오셨다고요? 어떻게 감히 그럴 수가 있나요……." 결국 자기 말에 귀를 기울여달라는 하소연 그 이상도 이하도 아니다.

바이오 인증

'바이오bio'는 유럽연합법으로 보호받는 용어다. 즉 '바이오'가 표시된 곳에는 어김없이 유기농 내용물이 들어 있다. 그렇지만 준수할 조건과 관련해서는 인증마크별로 차이가 있다. 가령 '비오란트Bioland' 마크는 유럽연합 환경 규정을 훨씬 뛰어넘는 특별 조건을 충족하는 식료품에만 부착된다. 식료품 외에 목재 및 섬유 제품에도 사용되는 '나투어란트Naturland' 마크를 사용할 때는 훨씬 더 엄격한 기준을 지켜야 한다. 해당 생산자는 일련의 자발적인 추가 조치를(가령 자연보호 및 투명성 분야에서) 취할 의무가 있다. 식품 분야에서의 바이오 인증 가운데 단연 으뜸은 독일에서 가장 오래되고 엄격하기로 유명한 유기농생산자협회 데메터Demeter에서 부여한 인증이다.

바이오 호텔

전통 논리학의 용어를 빌리자면, 지속되는 관광산업이란 '콘트라딕티오 인 아디엑토contradictio in adiecto', 즉 전형적인 형용 모순이다. 나의 친누나 마야와 친했던 심층 생태주의자이자 백만장자 지미 골드스미스 경Sir Jimmy Goldsmith(그의 형 테디는 세계적인 환경잡지《이콜로지스트The Ecologist》 창간인이다)은 오로지 관광업계의 건설장비들이 쳐들어오는 일을 막고자 멕시코의 한 지역 전체를 사들이기도 했다.

그런데 지속성과 편리함의 조화를 위해 자발적으로 엄격한 규칙을 정한 호텔들도 있다. 그 규칙에는 지역의 생태 프로젝트를 지원하는 조건뿐 아니라 지역 문화를 침해하지 않는다는 약속도 포함되어 있다. 히말라야산맥에 자리한 '더 팜The Farm'과 발트해 니스도르프의 '바이오 어린이가족호텔Bio Kinder-und Familienhotel Gut Nisdorf'이 그런 경우다. 이런 바이오 호텔은 인터넷 사이트 greenpearle.com에서 검색할 수 있다.

버추 시그널링Virtue Signaling(도덕성 과시)

'도덕성을 내세우며 허풍 떠는 행위', 또는 '미덕 뽐내기'로 옮길 수 있는 이 개념을 최초로 만들었다고 주장하는 사람은 영국 주간지《더 스펙테이터The Spectator》의 칼럼니스트 제임스 바르톨로뮤James Bartholomew이다. 그가 쓴 에세이에서는 '버추 시그널링'을 이렇게 설명한다.

> 이는 위장행위다. 어떤 것이 싫다는 것을 강조함으로써 자신이
> 얼마나 도덕적으로 훌륭한지를 말하는 것으로부터 주의를 딴 데
> 로 돌린다. 이를테면 '그 누구보다도 나는 환경보호를 중시해'라
> 고 솔직히 말하는 사람은 허영과 허풍을 노골적으로 드러내게 된
> 다. 하지만 화를 내고 분노함으로써 이런 자화자찬이 가려진다.

독일에서는 '도덕성 과시'가 좀 더 노골적이다. 필스호펜이
라는 도시가 대표적 사례. 이 도시에서는 친환경적 실천 항목
을 지키는(자가용 타지 않기 및 재생 에너지 사용 등) 시민들은 포인트
를 얻는데, 150포인트를 따면 녹색 번지 판을 상으로 받는다.

비누
비누를 직접 만들 생각인가? 그런 일은 열성적으로 환경보
호를 실천하는 사람들에게 맡겨두자. 파는 제품을 사도 상관없
다. 거대 기업과 차별화하고자 여러 화장품 회사가 일찌감치 사
회적이고 생태적인 책임을 지는 일에 눈을 떴다. 이를 마케팅 전
략으로 치부할 수도 있겠지만 이 회사들이 더욱더 책임감 있게
자연 자원을 활용하고자 애쓴다면 소비자로서 그런 노력을 응원
하지 않을 이유가 어디 있을까? 러쉬의 비누는 워낙 고가여서 한

조각이면 방글라데시에 사는 일가족을 일주일간 먹여 살릴 정도다. 품질은 두말할 나위가 없다. 러쉬는 앞서 소개한 기업가이자 자선가인 데이비드 카츠의 플라스틱 은행을 후원하기도 한다. 플라스틱 은행은 플라스틱 쓰레기를 줄이게끔 개발도상국 주민들에게 재정적 인센티브를 제공 중이다. 이 사실만으로도 러쉬의 제품을 믿고 사용하라고 권할 수 있다.

새해맞이

한 해의 마지막 날 밤에 지폐를 불태우는 광경을 보는 건 상당한 쾌감을 준다. 하지만 이 같은 즐거움도 폭죽 터뜨리기와 거기서 나오는 소음, 여기저기 버려진 쓰레기 따위의 폐해에는 비할 바가 못 된다. 연말연시 독일에서만 약 1억 5,000만 유로의 돈을 공중으로 날려 보낸다. 다른 곳에 훨씬 유용하게 쓸 수 있는 돈이다. 이뿐만이 아니다. 이로써 하룻밤 새 4,500여 톤의 미세먼지가 발생한다. 매년 도로에서 배출되는 미세먼지의 15.5퍼센트에 달하는 수치다. 게다가 독일에서 쏘아 올리는 폭죽은 대부분 중국의 비인간적 노동환경에서 생산된 것이다. 몰지각한 불꽃놀이보다 더 신나게 새해를 맞이하는 방법은 많다.

샤워(또는 목욕?)

독일에서 물은 희귀재가 아니다. 현재 저수지 가운데 극히 일부만 사용하고 있다. 물 소비를 줄이자는 목소리가 커지면서 많은 지역의 지하수면이 위험 수준까지 상승했다. 독일 에너지 수자원경제협회는 "정치적으로 물 소비를 줄이자고 요구하는 것은 의미가 없다"는 결론을 내렸다. 베를린에서는 통일 이후 물 소비량이 절반 가까이 감소했는데, 집주인들은 지하실에 습기가 차는 일이 잦다고 불평한다. 그 결과 곰팡이균에 의한 감염이 빈번해지면서 건강마저 위협당하고 있다. 따라서 샤워(샤워기를 이용하여 흐르는 물에 몸을 씻는 일) 대신 목욕(욕조 물에 몸을 담가 씻는 일)을 할 때마다 독일 공동체에 도움을 주는 셈이다. 문제는 물을 데울 때 소모되는 에너지다. 독일에서는 가구당 평균 에너지 소비량의 14퍼센트가 온수에 사용된다. 따라서 목욕보다 샤워를 선호한다면 물줄기에 공기를 섞어 쏘는 절수 샤워기 헤드를 추천한다. 물줄기가 부드러워지고(물을 정화하는 숯 필터가 달린 모델도 있다) 무엇보다 온수 사용이 절반으로 줄어든다. 건강을 중시한다면 따뜻한 샤워 뒤의 찬물 샤워만큼 좋은 것도 없다. 이는 혈관 건강을 위한 조깅 및 스트레칭 역할을 하는데 심혈관계 질병을 막는 효과적인 예방법이다.

석유 대기업

특정 대상을 악마화하는 일은 나름의 매력이 있다. 누가 악당인지 모두가 동의하면 모든 일이 훨씬 간단해진다. 이런 점에서 단연 최고의 악당은 거대 석유기업들이다. 런던을 본거지로 둔 '멸종 저항Extinction Rebellion' 소속의 환경 무정부주의자들이 소동을 피울 때 이들이 선호하는 접선 장소는 로열 더치 쉘Royal Dutch Shell과 브리티시 페트롤륨BP이다. 그런데 너무 쉬운 길을 택한 게 아닐까? 서방의 에너지 대기업들의 총생산량을 전부 합하면 전 세계 석유 채굴량의 10퍼센트에 불과하다. 사우디아라비아와 러시아의 거대 국영기업에 맞서 채굴 현장에서 시위를 한다면 이야말로 훨씬 용기 있는 행동일 것이다. 다만 대중의 박수갈채를 기대할 수 있는 런던같이 안전한 장소에 비한다면 확실히 생명에 지장이 있는 위험한 선택이긴 하다.

브랜드 이미지에 신경 쓰는 대기업 경영자들은 기후 활동가들을 극진히 대접하고 전 세계 언론인들이 지켜보는 가운데 티타임에도 초대할 것이다. 서방의 석유 대기업들은 사회(그리고 비판적 투자자들)의 호의에도 기대고 있기에 재생에너지 투자도 늘리고 있다. 따라서 기후변화의 주된 책임을 서방의 석유 대기업에만 돌리는 것은 너무 사안을 단순화시키는 것이다. 환경오염을 즐기기 때문이 아니라 수요가 있으므로 대기업들이 석유와 가스를 채굴하는 것이다. 결국 환경오염의 원인 제공자는 우리고, 석유 대기업은 간접적인 역할을 할 뿐이다. 서방 국가들이 화석 연료 의존에서 서서히 벗어나고 있는 가운데 중국 같은 나라들에서는 그 수요가 급증하고 있다.

소고기

전 세계에서 배출되는 온실가스의 5분의 1가량이 식품산업에서 발생한다. 그중에서도 소는 기후에 가장 많이 해를 끼치는 동물이다. 소가 방귀로 배출하는 메탄가스는 모두가 두려워하는 이산화탄소보다 몇 배 더 해롭다. 유기농 농가의 소고기만 사 먹으며 양심을 달래는 소비자들은 오히려 문제를 악화시킬 뿐이다. 전통적 방식으로 키우는 소에 비해 유기농 소들은 더 오래 살면서 방귀도 더 많이 뀌기 때문이다.

스마트폰

스마트폰 한 대를 생산할 때마다 자그마치 60킬로그램이 넘는 이산화탄소가 발생한다. 게다가 스마트폰 제조에 사용되는 희귀 물질(금, 코발트, 주석 등)을 채굴하는 과정도 문제가 많은 만큼 스마트폰 이용자들은(결국 우리 모두는) 스스로 환경을 중시한다고 말하기가 무색할 지경이다. 마치 상아 장신구를 목에 달고 있으면서 동물보호에 앞장서는 꼴이나 마찬가지다. 이제껏 어떤 대기업도 올바른 양심을 판매가에 포함한 스마트폰을 출시할 생각을 하지 못했다는 건 의아하다. 그런 스마트폰이 출시될 때까지는 페어폰Fairphone의 스마트폰을 선택하는 것도 한 방법이다. 안드로이드 운영체제를 탑재한 페어폰3는 최신 기술을 자랑할 뿐 아니라 여타 제품과 달리 모듈식 제작방식을 채택한 덕에 내부 분해와 수리도 쉽다. 특히 미분쟁 지역의 희귀 자원만 사용하고 중국의 조립공장 노동자들에게 평균 이상의 임금을 지급하는 데다 고객들은 새 스마트폰 구입 시 제조사에 기존 폰을 반납할 수도 있다. 이 밖에 페어폰은 아프리카 가나의 재활용 프로젝트를 후원 중이다. 인터넷사이트 fairphone.com에서 판매처를 검색할 수 있다.

실내 온도

가정에서 에너지 소비의 최대 주범은 난방이다. 가정 에너지의 84퍼센트는 난방과 온수에 사용된다. 추운 계절에 난방을 세게 트는 대신 스웨터를 껴입고 익숙한 온도보다 1도 낮은 온도를 감수하는 사람은 자신의 탄소발자국을 줄이는 데 크게 기여하고 있다. 한편 에너지 절약을 위해서는 라디에이터를 덮거나 가로막지 않을 것을 권한다. 그럼 따뜻한 공기가 실내에 골고루 퍼지지 않기 때문이다.

실내 인테리어

푸른 자연에 살면서 현대인의 안락한 삶을 누리는 것이야말로 우리의 오래된 꿈이다. 1927년 쿠르트 투홀스키는 이렇게 말했다.

그렇다. 내가 바라는 것은 눈앞에는 발트해가, 뒤로는 프리드리히 거리(베를린의 번화가 – 옮긴이)가 펼쳐진, 커다란 테라스가 딸린 자연 속의 빌라다.

실제로 여러 회사에서 생태학적으로 지속가능하게 아파트나 주택을 꾸며주는 자재를 생산하기 시작했다. 아들러Adler는 다시 자라나는 천연 원료로 페인트를 생산하고, CP는 공기정화식물이 가득한 벽을 만들고, 롤Loll은 재활용 플라스틱으로 만든 가구를 선보이고, 타케트Tarkett는 공기를 정화하는 마룻바닥을 생산하고, 그로헤Grohe는 '요람에서 요람으로C2C' 원칙에 따라 제조된 주방 및 욕실 설비를 제공한다. 이론상으로는 건물 전체를 지속가능한 친환경 방식으로 지을 수도 있다. 이에 대한 전반적인 정보를 원한다면 '요람에서 요람으로' 교육센터를 찾아가 보자.

C2C Lab 홈페이지 https://c2c-lab.org

아보카도

만약 요하네스 마리오 짐멜Johannes Mario Simmel(2009년 세상을 떠난 오스트리아의 베스트셀러 작가 – 옮긴이)이 지금도 소설을 쓴다면 그의 베스트셀러 소설 제목은 《꼭 캐비어여야 할 필요는 없어》(짐멜이 1960년에 발표한 베스트셀러 소설 – 옮긴이)가 아니라 '꼭 아보카도여야 할 필요는 없어'가 되지 않을까? 그렇다면 우리도 적극

지지를 보내야 할 것이다. 물론 토스트 빵에 아보카도를 얹어 올리브유를 바른 다음 레몬즙을 뿌리고, 거기다 고수까지 얹으면 그 맛은 가히 일품이다. 하지만 지구를 구한답시고 시끄럽게 논쟁을 벌이면서 그 와중에 간식거리를 위해 남극의 거대한 얼음을 녹일 수는 없는 노릇이다. 아보카도는 토스트에 오르기 위해 비행기를 타야 하는데, 만약 당신이 그 비행기에 오른다면 당신의 1년치 탄소 배출량의 2배를 소모하게 될 것이다. 게다가 아보카도가 자라는 거대한 단종 재배 농지는 주변 지역의 식수를 모조리 빨아들이는 관개시설이 필요하다. 아보카도 1킬로그램을 생산하는 데만 약 2,000리터의 물이 사용된다. 유럽의 늘어나는 수요를 감당하고자 불법으로 숲의 나무를 베어낸다. 한마디로 아보카도 과카몰레 요리에 캐비어에 맞먹는 가치를 부여하면서, 아주 가끔씩, 적절하게 품위 있는 자리에서만 그 슈퍼푸드를 음미해야 한다.

야간열차

기후 위기가 가져온 긍정적 효과는 야간열차가 새로운 전성기를 누리게 된 점이다. 여행하는 데 이보다 더 고상한 방법도 없다. 게다가 철로 위를 달리는 객차의 규칙적인 탁탁, 탁탁 소리를 들으며 잠드는 것보다 훌륭한 수면법도 없다. 독일철도DB는 몇 년 전부터 야간열차 운행을 중단했다. 이후 오스트리아철도ÖBB

가 그 일부 구간을 운영 중이다. 오스트리아인들의 훌륭한 서비스와 높은 환경의식 덕분에 최근 수요가 급증하면서 오스트리아철도 측은 야간열차 운행 횟수를 꾸준히 늘리고 있다. 빈-취리히, 빈-암스테르담, 함부르크-뮌헨-빈, 베를린-취리히 구간 외에도 빈과 브뤼셀 간의 야간 노선이 추가되었다. 베를린-브뤼셀과 바르셀로나-취리히 노선도 계획 중이다. 오스트리아철도 야간열차의 신형 모델은 세심하게 고안된 미래적 디자인의 걸작이다. 기존의 불편한 대륙 침대차가 캡슐 침대가 설치된 현대적 객실로 탈바꿈했다. 이 신형 모델은 ─예전과 달리─ 혼자 여행하는 승객도 개인 공간을 가지고, 이른바 '미니 스위트룸'이라는 개인 객실까지 추가되어 아이들을 동반하거나 단체로 여행할 때 안성맞춤이다. 눈이 높은 승객들을 위한 디럭스 침대칸도 있다. 여기에는 화장실과 작은 샤워실이 딸려 있는데 낮에는 개인 스위트룸으로 이용된다. 야간열차 여행은 비행기 여행보다 더 고상할 뿐 아니라 탄소 배출량도 30배가량 적다.

에너지 수요

e모빌리티에 열광한 나머지 잊은 게 하나 있다. 우리가 이용하는 청정 이동 수단에 공급되는 전기가 전기 콘센트에서 그냥 나오는 것이 아니라 어딘가에서 어떤 식으로든 생산되어야 한다는 사실이다. 또 다른 문제는 갈수록 전기장치에 대한 의존이 심

해지는 현상이다. 곳곳에 깔린 인터넷은 전기를 마구 쓰는 주범으로 꼽힌다. 독일에서만 해마다 55테라와트시 규모의 전기가 인터넷 사용으로 소모되는데, 이는 발전소 10개가 1년간 생산하는 양과 맞먹는다. 프랑크푸르트의 서버팜server farm 한 곳을 가동하는 것에만(쿨링을 포함!) 프랑크푸르트 공항 전체보다 더 많은 전기가 소비된다. 전 세계적으로는 매년 인터넷 사용으로만 3,300만 톤의 탄소가 배출된다. 데이터량은 앞으로도 기하급수적으로 늘어날 것이고 자연스럽게 에너지 소비도 급증할 것이다. 나쁜 소식이 있다면 디지털 혁명이 이제 막 걸음마 단계라는 사실이다. 자율주행과 사물인터넷같이 아직 발전 단계인 기술들이 일상화된다면 데이터량이 늘어나면서 여기에 필요한 에너지 집약적인(많은 에너지를 소비하는) 서버팜도 폭발적으로 증가할 것이다. 마땅한 해결책이 있을까? 지금으로서는 없다. 다만 서버에 필요한 에너지 가운데 3분의 1이 쿨링에 사용되는 만큼 추운 나라들이 입지적 장점을 가지리라는 점은 예상할 수 있다. 구글 대신 '에코시아Ecosia'라는 이름을 사용하는 검색포털을 사용하는 것도 작은 첫걸음이 될 수 있다. 마이크로소프트의 빙 서버를 사용하는 에코시아는 45번째 검색 질문마다 아프리카 나무 심기 프로젝트의 일환으로 나무 한 그루씩을 지원한다. 그리하여 2009년부터 약 6,000만 그루의 나무를 심었다.

온라인 쇼핑

인터넷에서 물건을 사면 소매업의 몰락에 일조할 뿐 아니라 온라인으로 주문한 상품 대부분이 만들어내는 포장 쓰레기를 떠안는다. 그래도 인터넷 쇼핑을 해야 한다면 친환경 온라인백화점 memolife.de를 이용해 보자.

외교 정책

독일의 헌법학자이자 환경법학자인 디트리히 무르스비크Dietrich Murswiek에 따르면 유럽이 정한 야심 찬 기후 목표는 우리가 미래에 "세계 도덕 챔피언"에 오르는 결과를 낳겠지만 전 세계적으로 심각해지는 환경 오염에는 별 영향을 주지 못할 것이다. 그는 독일 국내에서 펼치는 대책들보다는 아프리카, 남미, 아시아 등지의 태양열 또는 수력 발전소에 유럽이 대거 투자하는 편이 탄소 배출 감소에 훨씬 도움이 된다고 주장한다. 물론 유럽은 자신을 전 세계에 대한 하나의 모범으로 생각한다. '먼저 당신 집부터 깨끗이 정리하라' 원칙을 토대로 삼는다면 유럽식 그린 딜Green Deal(2050년까지 탄소 순배출량 제로 달성을 목표로 만들어진 유럽연합의 기후 법안 – 옮긴이) 모델은 설득력이 있다. 그럼에도 ─주장대로 상황이 심각하다면─ 시선을 저 바깥으로 돌리는 일이 훨씬 중요하다. 그렇다면 지금이야말로 개발원조부 장관이 나서야 할 때인데도 놀랍게도 감감무소식이다. 어째서 어느 누구도 아프리카 대륙을 위한 그린 딜, 또는 환경 마셜플랜을 제안하지 않을까? 영국만 하더라도 과감히 개발원조부와 외교부가 통합했다. 지구 남반구 국가들에서 환경을 보호하고 배출가스를 줄이려는 조치들은 경제개발, 빈곤에 따른 난민 발생의 억제, 정치적 안정이라는 의미에서도 충분한 가치가 있다.

요람에서 요람으로 Cradle to Cradle

그 어떤 재활용 시스템보다도 우수한 '요람에서 요람으로 c2c' 원칙의 기본 철학은 소비재와 기계제품의 개발 단계에서부터 그 부품이 자연 분해되어 탄소발자국을 최소화한 채 생태 순환계로 돌아가게 하거나 재활용이 쉽도록 설계한다는 것이다. 이미 수백 곳의 제조사에서 이 원칙을 적용하고 있다. WMF에서는 오래 가고 수리해 쓸 수 있는 주방 기구를 만들고, 그로헤는 모든 위생 설비를 C2C 원칙에 따라 제작하고, 오랜 전통의 세제 브랜드인 프로쉬 Frosch 도 이 흐름에 합류했다. 인터넷사이트 c2c-lab.org에서 C2C 원칙에 따라 생산하고 해당 인증마크를 획득한 회사를 찾아볼 수 있다. 베를린에는 공기정화 기능을 갖추고 업사이클링이 가능한 카펫부터 조립식 창문과 문짝에 이르기까지 C2C 제품을 직접 보고 사용하고 체험할 수 있는 쇼룸이 있다.

인간혐오

1972년, 데니스와 도넬라 메도즈 부부Dennis & Donella Meadows
는 '로마클럽'을 위한 보고서《성장의 한계》를 발표했다. 현대 환
경운동의 창립선언문으로 평가받는 이 보고서에는 이런 경고의
메시지가 들어 있다.

지금처럼 세계 인구가 증가하고 산업화, 환경 오염, 식량 생산, 천
연자원 수탈이 계속된다면 향후 100년 이내에 지구는 절대적 성
장 한계에 봉착할 것이다.

각성을 촉구하는 의미심장한 절규였다. 그런데 "지구는 암에
걸렸고 이 암은 인간이다" 같은 문장도 눈에 띈다. 여기에 암시
된 인간혐오 역시 현대 환경운동의 유산 중 하나다. 이는 완곡하
게 표현하면 야박할 뿐만 아니라 역사적으로 볼 때 부당한 말이
기도 하다. 지구에 출현한 이래 인류는 살아남으려고 줄곧 자연
에 맞서 싸워야 했다. 앞선 세대들은 이처럼 자연을 이용함으로
써 지금은 당연시되는 모든 편리와 부를 쟁취했다. 이 점은 일단
인정해야 한다. 자연 지배의 과정이 자연 파괴의 단계까지 이른
것은 인류사에서 아직 보지 못한 전대미문의 현상이다. 인간을
악성종양 취급해 사라지기를 바라는 대신 새로운 상황에 대처할
공정한 기회를 인류에게 주어야 하지 않을까?

종족 번식

순전히 합리적으로만 구성된 세계관이 얼마나 터무니없는 것인지 증명하려면 아이를 낳는 일의 비용 대비 이익을 계산해보면 된다. 합리적으로만 따지자면 아이를 가진다는 것은 얼토당토않은 일이다. 아이로 인해 할 일은 늘어나고, 자유는 사라지고, 돈도 깨지면서 걱정은 쌓인다. 또 자식 사랑은 인간의 본능이기에 아이가 아프거나, 불행한 사건이 닥치거나, 최악의 경우 먼저 세상을 떠나기라도 한다면 그 고통은 이루 말할 수조차 없다. 순수하게 이성적인 이유에서라도 아이를 꽁꽁 감싸 세상으로부터 보호하거나 아예 아이를 갖지 말라고 권해야 할 판이다. 그런데도 이른바 이성의 동물이라는 인간은 생식 작용을 멈추지 않는다. 순전히 비용 대비 이익이라는 계산보다 더 중요한 것이 있어서 그럴까? 고통이 따르게 마련인 사랑에는 측정하고 저울질하기 힘든 어떤 힘이 들어 있기 때문이 아닐까? 사랑은 엄밀히 말해 비합리적인 것이지만 사랑 없는 삶은 공허하다. 그런데 비용 대비 수익 계산서를 완전히 새롭게 작성해 환경이나 기후에 얼마나 해를 끼치느냐는 관점에서 아이를 바라본다면 어떨까?

스웨덴 룬드대학교의 지속가능성 연구소 킴벌리 니콜라스Kimberly Nicholas 교수와 캐나다 브리티시컬럼비아대학교의 세스 웨인Seth Wynes은 개인이 실천할 만한 일 가운데 기후 보호에 가장 효과가 큰 것이 무엇인지를 연구했다. 잘 알려진 조언들을 연구한 결과, 이들은 네 가지를 제시했다. 자동차를 반납하고, 비행기를 타지 않고, 육식을 삼가고, 무엇보다 제1순위로 아이를 적게 낳으라는 것이다. 즉 멸종의 길을 선택함으로써 미리 재앙을 피하는 것이야말로 기후 재앙으로부터 인류라는 종을 구하는 가장 효과적인 방법이다. 여기서 한 가지 의문이 든다. 기후 보호 운동단체 중 근본주의적인 입장을 가진 멸종 저항이란 단체가 있다. 생태 근본주의자의 실질적인 목표가 (자기) 멸종이라면 어째서 이들은 '멸종'에 저항하는 것일까? 아이를 갖지 말자는 이들의 논리를 따른다면, 남이야 어떻든 자기만 괜찮으면 된다는 식으로 새 생명의 포기를 다음 세대로 미루는 대신 자기 자신부터 이 세상에 존재하지 않는 쪽을 선택해야 하지 않을까? 내가 알기로 지금까지 이 같은 생각을 끝까지 밀어붙인 이는 작가 로이 스크랜턴Roy Scranton이 유일하다. 니콜라스와 웨인의 조언에 찬성하는 그는 《뉴욕타임스》에 기고한 글에서 다음과 같이 말했다.

웨인과 니콜라스의 주장을 진지하게 받아들인다는 것은, 기후변화에 대해 도덕적으로 올바른 유일한 선택은 스스로 목숨을 끊는 것임을 인정한다는 뜻이다. 자신이 남기는 탄소발자국을 줄이는 데 이보다 효과적인 방법도 없다. 죽으면 더 이상 에너지도 휘발유도 소비할 일이 없다. 진정 지구를 구하려면 죽는 길밖에 없다.

이 말이 무서운 이유는 뭘까? 풍자가 아니기 때문이다.

카펫

열성적인 환경 보호 실천가라면 네덜란드 회사 데소Desso의
카펫이 유일한 선택지다. 이 회사의 카펫과 바닥마감재는 친환
경 재질로 만들어지고 C2C 인증을 받았을 뿐 아니라 페인트나
플라스틱 등에 포함된 이른바 휘발성유기화합물vocs과 미세먼
지를 걸러주기도 한다.

커튼 치기

기후 보호에 이바지하는 아주 쉬운 방법이 있다. 유리창은
온기를 밖으로 배출하므로 자주 커튼이나 블라인드를 치면 난방
비와 탄소 배출을 훨씬 줄일 수 있다.

크루즈 여행

크루즈선을 타면 하루에도 27차례나 제공되는 식사 덕분에
체중이 늘어날 뿐 아니라 수많은 항구에 잠깐씩만 머무는 탓에
방문하는 도시를 제대로 경험할 시간조차 없다. 그러니 크루즈
여행이야말로 가장 미흡한 형태의 여행이라 할 수 있다. 이 밖에
환경보호라는 관점에서도 크루즈 여행은 무책임하다. 크루즈선
한 척당 매일 8만 4,000대 분의 자동차가 뿜어대는 이산화탄소와

42만 1,000대 분에 해당하는 질소산화물, 자동차 100만 대 이상이 내뿜는 미세먼지, 그리고 3억 7,600만 대 분의 이산화황을 배출한다.

크리스마스트리

만약 우리 털보 조상들에게서 그들이 즐기던 축제와 상징을 빼앗았다면 기독교는 절대 유럽 땅에 발을 붙이지 못했을 것이다. 즉 축제는 가만히 놔두고 그 해석만 기독교식으로 바뀌었다. 크리스마스트리를 만드는 것은 특히 독일의 오래된 전통이다. 크리스마스에 모두가 나무 앞에 경건히 서 있다는 것이 신기하지 않은가? 따지고 보면 놀랄 일도 아닌데, 우리가 (어느 정도) 기독교화되기 전부터 독일 땅에서는 거대한 나무를 신성한 존재로 숭배했다. 이런 이유로 루터는 크리스마스트리 전통을 거부했다. 신교 교회에서 크리스마스트리는 추방되었다. 그런데 공교롭게도 오히려 장식한 나무의 인기는 더 높아졌다. 크리스마스트리를 빼앗기고 싶지 않았던 사람들이 나무를 집에 세워놓은 것이다. 금지에 맞선 결과 대다수 독일인은(70퍼센트) 집에 크리스마스트리를 갖게 되었다. 하지만 새로 깨어난 환경의식은 뒤늦게나마 우리가 루터의 거부감에 함께할 가능성을 열어주었다. 해마다 수백만 그루의 죄 없는 나무가 스칸디나비아 지방에서 쓰러지고, 따뜻한 난방이 들어오는 집 안에서 말라 죽고, 며칠 뒤

폐기물로 처리되는 사실을 어떻게 정당화할 수 있을까? 그러니 불편한 질문들 앞에서 고민하기 전에(우리 지역에서 자란 나무일까? 나무를 뿌리째 빌린 뒤 나중에 다시 심어야 할까?) 아예 나무를 포기하는 편이 더 낫다. 코카서스 전나무 가지 몇 개에 크리스마스 장식을 달아 꽃병에 멋지게 꽂거나 선물 탁자 위에 장식물로 두는 것도 좋은 방법이다.

태어나지 않은 생명

역시 '바이오(생명)'이며 똑같이 보호할 가치가 있다.

통근비 공제

통근비 공제 덕분에 직장을 두고 출퇴근을 하는 사람들은 납부한 세금 일부를 돌려받는다. 이는 사회복지 차원에서 훌륭한 정책이다. 대도시의 치솟은 집세 탓에 일반 소득자들은 직장 근처에 살 형편이 못 되기 때문이다. 하지만 생태학적 관점에서라면 통근비 공제는 치명적이다. 개발과 교통난을 부추기기 때문이다. 물론 뮌헨같이 집세가 높은 곳에 직장이 있어서 매일 주변의 니더바이에른이나 알고이 등지에서 출퇴근하는 사람들에게는 이런 말이 귀에 들어오지 않을 것이다. 따라서 기후 보호를 심각하게 받아들이는 정치인이라면 주택 건설 장려책 등을 통해 인구 밀집 지역의 공급과 수요가 균형을 되찾아 평균 소득자들도 도시에서 살 수 있게 해야 할 것이다.

특대xxL 사이즈

모든 것 — 음식, 자동차, 집 — 이 꼭 특대 사이즈일 필요는 없다
는 점에 동의할 때 이미 우리는 한 걸음 앞으로 나아간 셈이다.

패션

녹색 윤리가 담긴 최신 유행 옷은 어디서 살 수 있을까? 흥
미롭게도 그런 옷은 여태껏 여성용만 만들어졌다. 자연 및 동물
친화성이라는 관점에서 동물보호단체의 엄격한 기준을 준수함
으로써 해당 단체의 인터넷사이트에서 조회가 가능한 브랜드
들은 대부분 여성과 아동을 겨냥한 것들이다. 수지 스튜디오susi
Studio, 힙스터스 포 시스터스Hipsters for Sisters, 인 더 소울샤인In the
Soulshine 등의 브랜드가 여기에 속한다. 예외적으로 남성용 브랜
드 브레이브젠틀맨BraveGentleMan이 있다. 내가 선호하는 친환경
의류 리스트에는 추에 아나Zue Anna도 들어 있다. 이 브랜드에서
내세우는 기준은 엄격한 동물보호 인증을 훨씬 뛰어넘는다. 가
령 스웨터에 사용할 메리노 모직을 얻기 위해 일 년에 한 차례만
조심스럽게 양의 털을 깎는다('슬로우 시어링slow shearing'). 베를린
미테에 자리한(로자룩셈부르크 거리, 바빌론 영화관 맞은편) 미국인 힙
스터 커플이 운영하는 1213bst라는 옷 가게도 주목할 만하다. 상

272

호는 1/2과 1/3을 뜻하는데, 여기에는 단순히 물건을 판매하는 것이 아니라 교환 거래를 통해 의류 과잉 소비에 맞선다는 원칙이 숨어 있다. 옷장을 정리할 생각이라면 옷 일부를 판매를 위해 가게에 갖다주고 거기서 파는 빈티지 옷을 50퍼센트 할인 가격으로 살 수 있다. 아니면 자기가 입던 옷을 가게에 넘기고 그 옷이 팔리면 판매가의 3분의 1을 받기도 한다. 가장 엄격한 동물보호 기준에 맞춰 재킷과 스웨터를 만드는 최고의 혁신적인 디자이너는 바로 라이프치히 출신의 니콜 셸러Nicole Scheller다. 그녀의 옷은 환경친화적일 뿐 아니라 곳곳에 널린 비디오 및 데이터 감시망을 피해 가기도 한다. 다양한 얼굴 모양을 흉내 낸 옷 무늬가 안면 인식 소프트웨어를 속이고, 군대에서 열화상 카메라를 피하고자 사용하는 재질로 외투를 만든다.

플뤼그스캄

프랑수아 6세 드 라 로슈푸코 공작으로부터 "위선은 악덕이 미덕에 바치는 공물이다"라는 잠언이 전해 내려온다. 결국 양심의 가책은 그 자체로는 하등 나쁜 것이 아니다. 도덕감이 아예 없어서 양심의 가책도 느끼지 않는 것보다는 늘 실천하기는 어렵지만 도덕관을 갖추고 있는 편이 훨씬 훌륭하다. 그러니 비행기를 탈 때도 그냥 양심의 가책을 느끼도록 하자. A 지점에서 B 지점으로 쉽고 편하게 이동할 수 있다는 것은 현대인에게 주어진 엄청난 특권이다. 자기밖에 모르는 무감각한 인간만이 이를 당연시할 것이다. 이와 관련해 첫발을 내디딘 것은 스웨덴인들이었다. '비행기 여행의 부끄러움'이라는 현상을 지칭하는 스웨덴어 '플뤼그스캄Flygskam'이 일반 용어로 자리 잡은 것도 그 때문이다. 스웨덴의 바이애슬론 선수이자 세계선수권과 올림픽 우승자인 뵈른 페리Björn Ferry는 플뤼그스캄 운동의 선구자다. 스웨덴 텔레비전 방송국의 해설자로 일하던 그는 경기가 열리는 장소에 비행기로 이동하지 않는 것을 계약 조건으로 내걸었다. 참고로 독일은 영국 다음으로 항공 여행객이 많은 나라다.

허튼소리

그레타 툰베리가 2019년 뉴욕에서 했던 유명한 유엔 기후행동 환경정상회의 연설로 돌아가 ('미래를 위한 금요일' 항목 참조) 그녀가 들려준 허튼소리에 주목해 보자. "당신들은 공허한 말들로 내 꿈과 유년을 빼앗아 갔어요!" 정말로 그럴까? 살만한 세상을 물려주게끔 어른들에게 책임감을 일깨우는 것은 젊은이들의 정당한 요구다. 그러나 빼앗긴 유년을 말하는 것은 어불성설이다. 그레타의 먼 조상이 살던 시절의 유럽에서는 태어난 아이 다섯 중 하나는 젖먹이 시절을 벗어나기도 전에 죽었다. 지금은 아동 사망률이 1퍼센트도 안 된다. 그레타는 조상들은 꿈도 못 꾸었을 삶을 누리고 있다. 깨끗한 수돗물을 사용하고, 보편적 의료 서비스를 받고, 사회보장 혜택을 받고 있다. 풍요로운 스웨덴에서 자란 소녀의 "당신들은 내 유년을 빼앗아 갔어요"라는 말은 낯설고 오만하게 들린다. 전기나 수돗물도 없이 병원 문턱도 밟지 못하는 튀니지나 시리아 또는 내몽고의 어린이가 그랬다면 훨씬 호소력이 있었을지 모른다. 물론 부모에게 던지는 무의식적인 메시지라면 이해가 가기도 한다. 하지만 자연보호에 관한 설득력 있는 외침을 듣고자 한다면 철학자 못지않은 통찰을 보여주는 배우 루이스 C.K.Louis C.K.의 말을 들어보기를 권한다. 코미디언으로 활동하며 여성을 대하는 태도가 불쾌할 때도 있지만 그의 호소는 들어볼 만한 가치가 있다. 유튜브 검색창에 'Louis CK-Indians, White People and God's Earth(인디언, 백인, 그리고 신의 땅)'를 입력하면 그를 만날 수 있다.

협력

생태 위기가 주는 이점은 '인류 공동의 집'이란 것이 존재하고 국경을 넘어 문제를 해결해야 한다는 점을 명확히 보여준다는 데 있다. 그 결과 세계 각국은 인류 역사상 유례가 없는 방식으로 서로 협력할 수밖에 없게 되었다.

호화 요트

오랫동안 호화 요트는 슈퍼 리치들이 부를 과시하는 수단으로 여겨졌지만, 이제는 한물 지난 유행이다. 이에 시장에서는 부와 환경의식을 과시하기에 적합하고 생태학적으로도 모범적인 범선을 대안으로 내놓았다. 이 분야에서 선두를 달리는 이는 러시아의 대부호 안드레이 멜니첸코Andrey Melnichenko인데, 그는 독일 킬Kiel 조선소에 '세일링 요트 A'를 주문했다. 필립 스탁Philippe Starck이 디자인한 이 배의 길이는 143미터에 달하며 돛의 면적은 축구장 절반 크기이다. 독일보트선박협회에 따르면 선박을 친환경적으로 사용하는 데 가치를 두는 선주들이 점점 늘고 있다. 이런 배들은 전기와 담수를 자체 생산한다. 협회 사무국장에 따르면 "우리는 그런 배들을 디젤연료를 부어 가동하는 작은 도시로 상상해야 한다". 오랫동안 바람이 불지 않을 때는 디젤엔진이 필요하기 때문이다. 그러니 엄밀히 말하면 유달리 적극적인 버추 시그널링의 사례에 해당한다(버추 시그널링 항목 참고).

화장지

재활용 화장지 1킬로그램에는 3,000만 리터에 달하는 물을 기준치 이상으로 오염시킬 수 있는 탄화수소가 들어 있고, 여기서 발생하는 침전물은 심각하게 오염된 것이라 소각해야 할 정도다. 책임감 있게 행동하려면 사실상 화장지를 쓰지 않아야 할 판이다. 그럴 수 없다면 네덜란드의 판 하우툼Van Houtum 형제가 만든 화장지 '사티노 블랙Satino Black'이 유일한 해결책이다.

100퍼센트 재생에너지를 투입해 100퍼센트 재활용 종이만 사용해 만든 화장지다. 특히 생산에 투입된 물은 자체적으로 순환 처리되고 화장지는 생물학적으로 완벽히 분해되기 때문에 오염을 일으키지 않을뿐더러 건강한 영양소로 다시 생물 순환계로 돌아간다. 이 화장지는 친환경 제품만 취급하는 온라인 판매처인 memolife.de 같은 사이트에서 구매할 수 있다.

환기

환기만 잘해도 탄소 배출량을 연간 0.5톤 줄일 수 있다. 다만 창문을 약간 열어둔 채 히터를 틀면 에너지 소모가 많아진다. 훨씬 효과적인 방법은 창문을 완전히 여는 것이다. 창문을 전부 몇 분간 활짝 열어 바깥 공기가 들어오게 한 다음 다시 닫으면 좋다.

환승

어쩔 수 없이 비행기를 타야 한다면 스탑오버만은 피하자. 베를린에서 뉴욕까지 비행하면 약 2,500킬로그램의 탄소가 배출된다. 경유하는 비행기를 예약한다면 (먼 거리를 우회하지 않더라도) 탄소 배출량이 최소 0.5톤씩 늘어난다. 문제는 또 있다. 공항에서 대기하는 시간은 짜증을 불러일으키고 경유 과정에서 각종 상품이 유혹의 손길을 내미는 탓에 불필요한 물건을 사서 소비하게 된다.

휴가지

꼭 마요르카로 떠날 필요는 없다. 개인적으로 선호하는 국내 휴가지를 꼽는다면 다음과 같다. 호흐슈바르츠발트(독일 남서부 고원에 자리한 삼림지대 – 옮긴이), 로마제국 시절의 리메스Limes 국경 요새를 따라 이어진 길(https://www.limeswanderweg.info), 도시 여행지로는 레겐스부르크(프라하보다 아름다우면서도 관광객으로 붐비지 않는다) 및 그 주변 지역(발할라, 벨텐부르크 수도원), 테게른제(바이에른주의 호수 – 옮긴이) 주변 지역. 물론 독일 최북단의 노르트프리스란트 지역(가령 뷔줌 섬)도 빠질 수 없다. 또 슐레스비히 홀슈타인 전역(안데어슐라이 또는 젤렌터제 주변 지역 등)도 추천할 만하다.

희망

우리는 아이들에게 온전한 세상뿐 아니라 희망도 빚지고 있다. 아이들에게 미래가 없다고 믿게 하는 것은 동심을 괴롭히는 잔인한 짓이다.

헛소리에 휘둘리지 않고 우아하게 지구를 지키는 법

텀블러로 지구를 구한다는 농담

1판 1쇄 발행 2023년 6월 28일
1판 2쇄 발행 2023년 10월 20일

지은이 알렉산더 폰 쇤부르크
옮긴이 이상희
펴낸이 고병욱

기획편집실장 윤현주 **책임편집** 김경수 **기획편집** 한희진
마케팅 이일권 함석영 복다은 임지현
디자인 공희 진미나 백은주
제작 김기창 **관리** 주동은 **총무** 노재경 송민진

펴낸곳 청림출판(주)
등록 제1989-000026호

본사 06048 서울시 강남구 도산대로 38길 11 청림출판(주)
제2사옥 10881 경기도 파주시 회동길 173 청림아트스페이스
전화 02-546-4341 **팩스** 02-546-8053
홈페이지 www.chungrim.com
이메일 cr2@chungrim.com

ISBN 979-11-5540-217-7 (03100)

Der grüne Hedonist